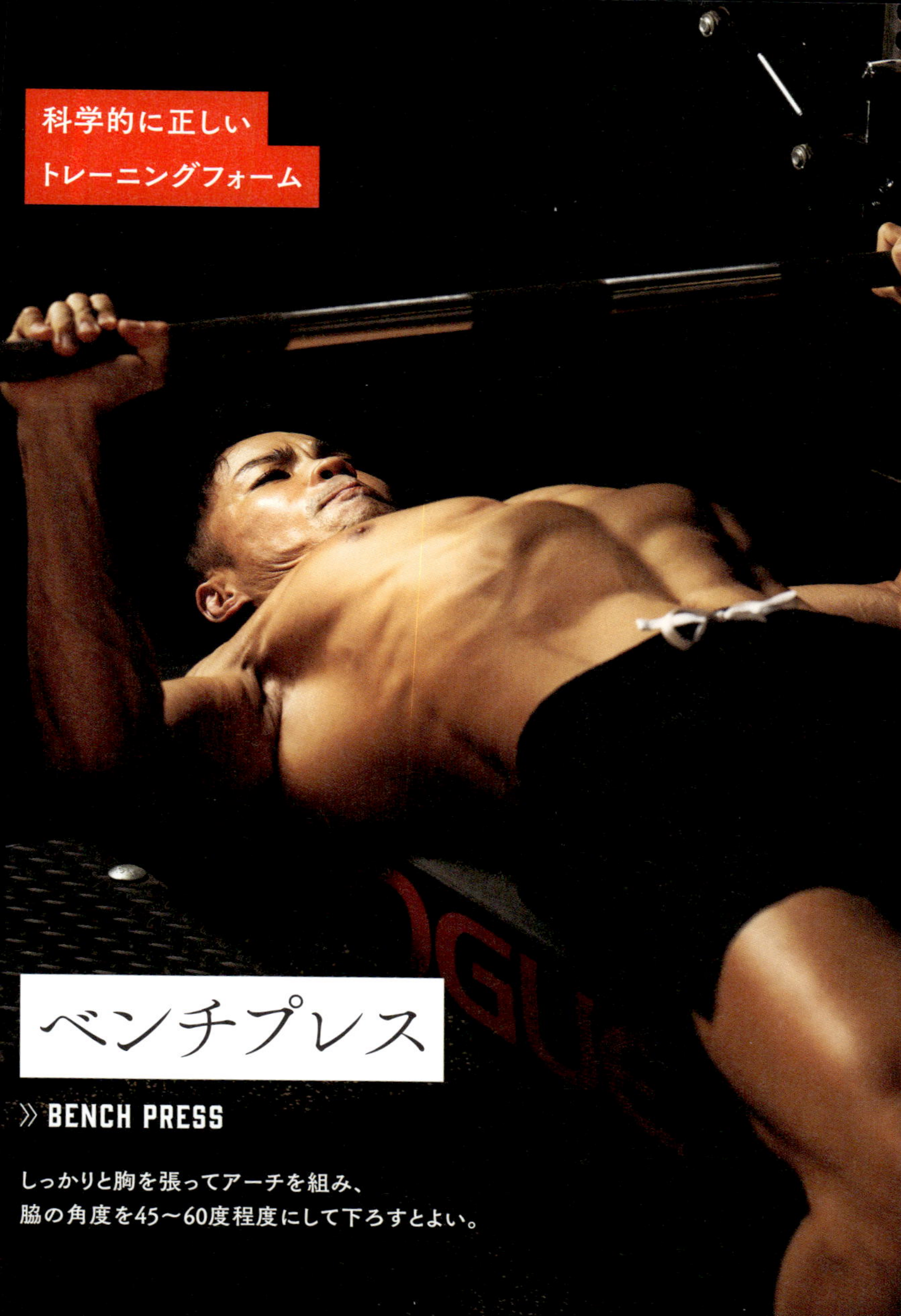

科学的に正しい
トレーニングフォーム

ベンチプレス

》BENCH PRESS

しっかりと胸を張ってアーチを組み、
脇の角度を45～60度程度にして下ろすとよい。

懸垂

» PULL-UP

肩甲骨を下げ、胸を張る。
床と垂直な軌道で上下する。

スクワット

》SQUAT

膝を外に開きながら、
太腿が床と平行かそれ以下になるまで
深くしゃがむことを意識するとよい。

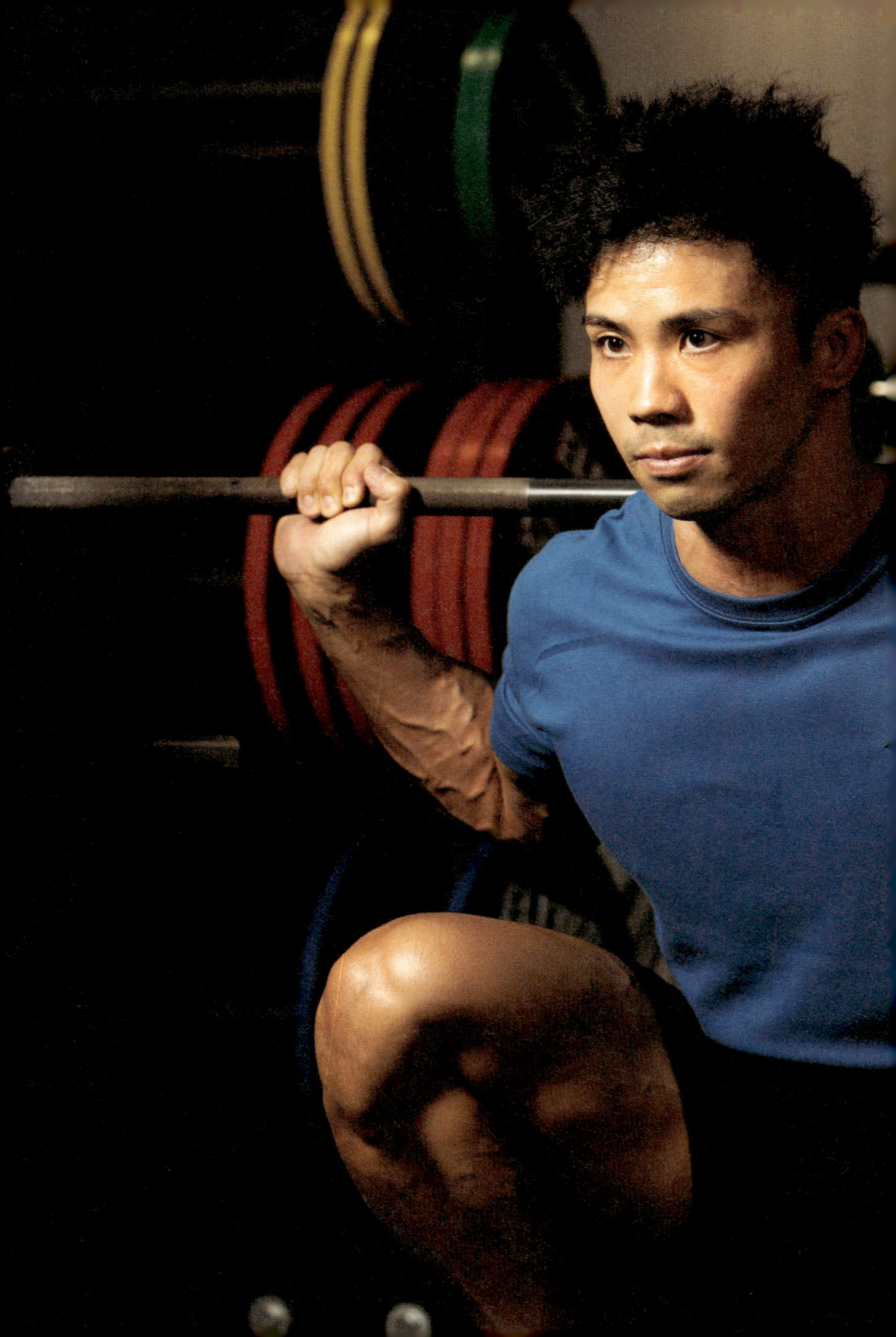

KO
20
SWEDEN

デッドリフト

》DEADLIFT

膝関節の伸展で脛の上あたりまでバーベルを上げた後、
股関節の伸展によりバーベルを上げる。

インクライン ダンベルカール

》INCLINE DUMBBELL CURL

ベンチの角度を30度から45度程度にするとよい。

トライセプス エクステンション

》TRICEPS EXTENSION

肘関節は怪我をしやすい部位なので、
負荷を受け止めながらゆっくりと下ろすとよい。

ダンベル ベンチプレス

» DUMBBELL BENCH PRESS

前腕が地面と垂直な状態を保ちながらダンベルを動かす。

ダンベルフライ

》DUMBBELL FLY

ダンベルを縦か少しハの字に握り、
軌道は完全な弧ではなく
フィニッシュに近づくにつれて直線的に押す。

ダンベル ルーマニアン デッドリフト

» DUMBBELL ROMANIAN DEADLIFT

デッドリフトと違い、
膝関節は脛が床と垂直になる
状態までしか曲げずに、
股関節の伸展に注力する。

レッグプレス

» LEG PRESS

マシンなので、バーベルスクワットよりも
初心者にとってやりやすくなっている。

ダンベルロウ

》DUMBBELL ROW

背中は床と水平を保ち、
肘が弧を描くようにダンベルを引く。

ラットプルダウン

》LAT PULL DOWN

サムレスグリップで小指側を強く握ると
背中の筋肉を使いやすい。

ショルダープレス

» SHOULDER PRESS

負荷を大胸筋上部に逃がさないためにも、
過度に胸を張りすぎない。

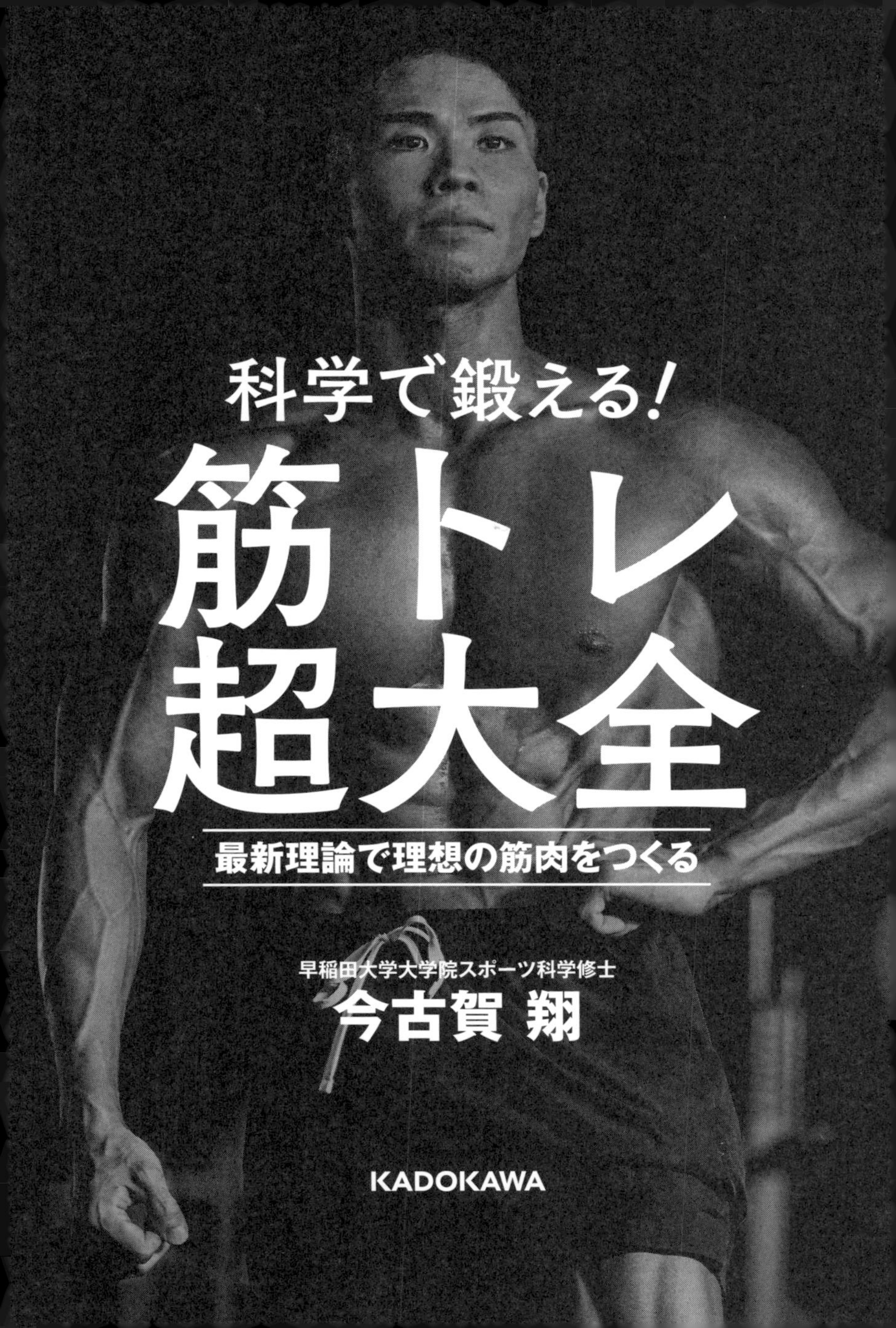

科学で鍛える!

筋トレ超大全

最新理論で理想の筋肉をつくる

早稲田大学大学院スポーツ科学修士
今古賀 翔

KADOKAWA

科学は、万人を最大限
効果的に鍛えあげる。

はじめに

筋トレに関する情報は、今やインターネットや書籍、SNSなどあらゆる媒体に溢れています。その多くは、著名なトレーニーやトップアスリートの成功体験に基づいたものであり、彼らの遺伝的な優位性や経験を背景にした内容です。しかし、こうした情報が必ずしも一般の人々にとって効果的であるとは限りません。むしろ、それらをなんの疑いもなく取り入れることで、間違ったトレーニングを行い、停滞や怪我につながってしまうケースも少なくありません。

本書は、そうした問題を解決するために生まれました。他の筋トレ本とは異なり、本書は個人の体験談ではなく、科学的根拠に基づいています。１００人中95人に当てはまるような、汎用性の高い方法を追求し、読者の皆さんが自分の体と向き合いながら、安全かつ効率的に成果を上げられるような情報を提供することを目指しています。

私自身が筋トレを始めたきっかけは、10代の頃に読んだ漫画『アイシールド21』でした。その中のベンチプレスの重量がキャラクターの強さの象徴となっている描写に強く影響を受け、フリーウェイトを用いたトレーニングを始めたのです。しかし、最初は右も左も分からず、ボディビルダーのトレーニングを真似して、膨大なボリュームのセットをこなしていました。結果として、過剰なトレーニングにより停滞を招き、効果が出ないどころか挫折しかけた時期もありました。

その経験から私は、「もっと科学的なアプローチが必要だ」と感じるようになり、トップトレーニーの方法論が全ての人に適しているわけではない、という認識を深めると同時に、一般的なトレーニーにも効果的な方法論を探るために科学的な視点を取り入れるようになったのです。

特に、初心者や中級者が陥りやすい問題として、間違った情報を鵜呑みにし、体を壊してしまうことがあります。肩や肘などの関節を痛めてしまうと、長期間トレーニングができなくなり、最悪の場合、筋トレそのものを諦めてしまうことになりかねません。本書では、そうしたリスクを最小限に抑え、適切なトレーニングを継続できる方法をお伝えしていきます。

また、本書では、トレーニングを習慣化するための科学的アプローチにも重点を置いています。筋トレを始めたばかりの方にとって、まずは3ヶ月継続できるかが重要です。習慣化すれば、トレーニングは生活の一部となり、持続的な成果を得るための土台が築かれます。科学的知見に基づいて、どのようにトレーニングを始め、継続していけばよいのかを解説します。

本書のもう一つの特徴は、初心者とトップアスリートの間に位置する「中間層」のトレーニーを対象にしている点です。多くの筋トレ本は、初心者向けの簡単なマシントレーニングの解説か、ボディビルダー向けの過酷なプログラムに偏っています。本書はその間に立ち、多くの人にとって実践的かつ効果的なトレーニング方法を提供します。これにより、初心者でも挫折せず、経験者でもさらなる成果を追求できるような内容を目指しています。インターネット上には「自分の体がエビデンス」として発信される情報が多く見受けられますが、そうした個人的な成功体験に頼らず、科学的に裏付けられたデータに基づいた方法を信頼すべきです。本書で紹介する方法は、「とりあえずこれをやれば間違いない」と言えるような内容を厳選しています。

本書を通じて、多くの読者が効率的かつ効果的にトレーニングを進め、最大限の成果を得ることができるよう願っています。

あなたの筋トレの旅路が、より充実したものとなりますように。

今古賀　翔

習慣化すれば、
トレーニングは生活の一部となり、
持続的な成果を得るための土台が築かれる。

PROLOGUE

プロローグ

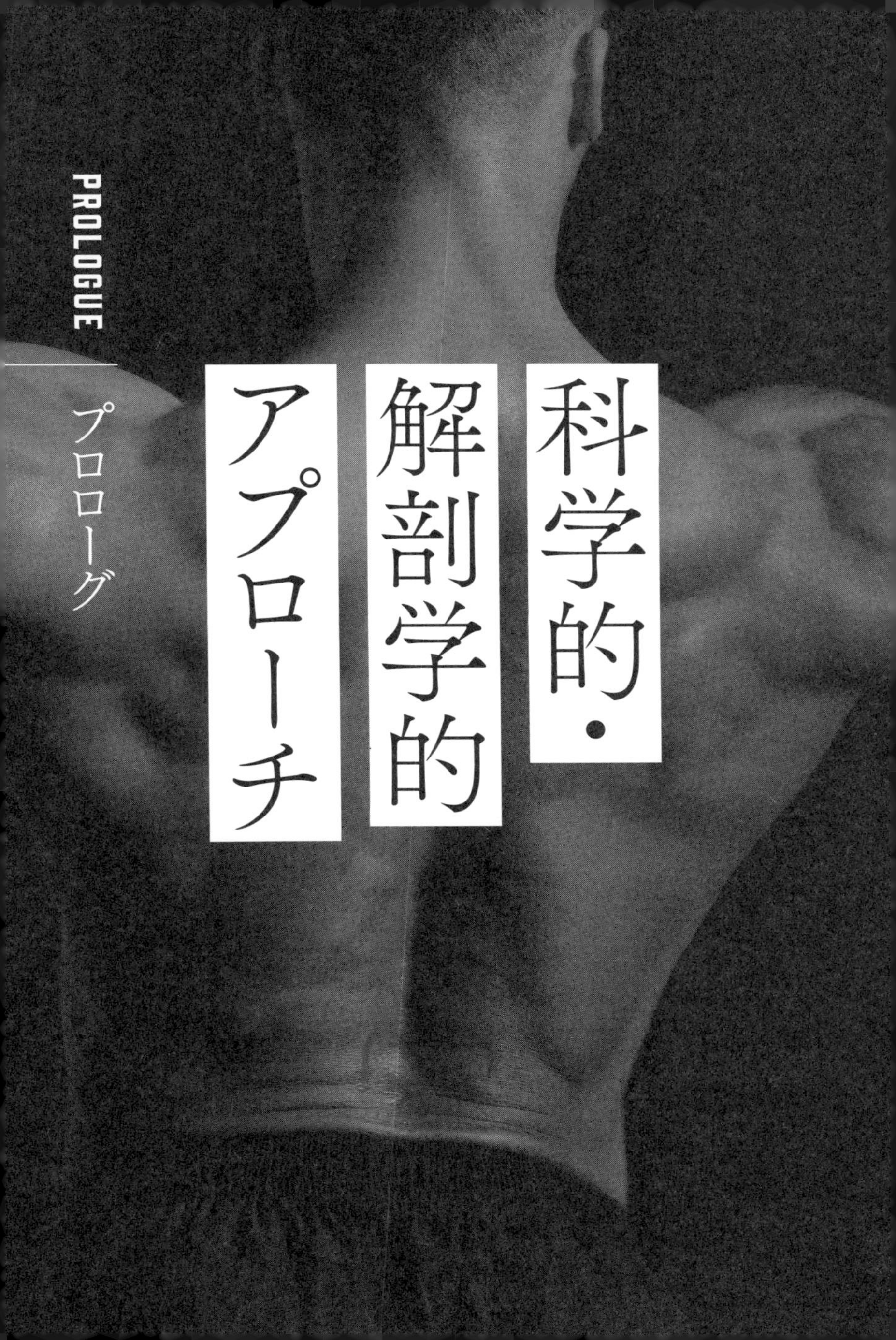

科学的・解剖学的アプローチ

科学的アプローチで大胸筋を鍛える

大胸筋は大きく分けて鎖骨部（上部）、胸骨部（中部）、腹部（下部）の3つに分類することができます。

鎖骨の内側から腕の上腕骨にかけての鎖骨部は、肩関節の屈曲（腕を前方に上げる動作）や腕を前方に押し出す水平回転に関わります。大胸筋鎖骨部のトレーニングにはインクライン系のプレスでよく刺激されます。

胸骨部は胸骨から腕の上腕骨の大部分を占めている、大胸筋のメインともなる部分です。範囲が大きいため、フラットベンチプレスやプッシュアップなどの基本種目で刺激されます。

胸骨の中心部から下方に接続している第5~7軟肋骨から上腕骨の部分にあたる腹部は、インクラインベンチプレスやディップスなどが有効です。

大胸筋トレーニングにはベンチプレスが有効です。その際、脇の角度を45~60度ほどで行うと、肩の負担が少なく、効果的に負荷をかけられます。

■主な大胸筋の種目

インクラインベンチプレスは、ベンチを傾けることで大胸筋上部の筋繊維の走行に沿ってダンベルの重力をかけることができる。ダンベルフライは水平内転と同じ動作であり、機能に沿って負荷をかけることができる。ベンチプレスは大胸筋以外にも複数の筋肉を使用するため、高刺激を大胸筋にかけることができる。

科学的アプローチで広背筋を鍛える

広背筋は、背中の下半分を広く覆う筋肉で、人間の身体では最も面積が広く、部位も胸椎、腰椎、仙骨、腸骨稜など複数あります。

広背筋は上部、中部、下部でそれぞれ走行方向が異なってはいますが、これらは肩関節の動きによって協調するとされています。

主に肩関節に作用し、内転（腕を体の側面に引き寄せる）、伸展（腕を後方に引く）、内旋（腕を内側に捻る）などの動きのほか、体幹の安定性にもつながる筋肉です。

広背筋は背骨の中部・下部から上腕骨にわたる領域で、上腕や肘を腰に向けて引き寄せる動きがメインになるため、トレーニングではラットプルダウンやチンニング（懸垂）などの種目が効果的です。

ラットプルダウンではグリップの幅を広げると、広背筋の筋活動が大きくなります。

■チンニングとラットプルダウン

チンニングとラットプルダウンは似ている動作だが、異なる点がいくつかある。特に股関節が屈曲しているか伸展しているかが大きな違いである。広背筋は上腕骨に始まり肩甲骨の方へ伸びているため、股関節を伸展させた状態で行うチンニングの方が力を発揮しやすい体勢だと言える。

科学的アプローチで僧帽筋を鍛える

僧帽筋《そうぼうきん》は上部・中部・下部に分かれており、特に中部と下部は広背筋と並ぶ背中の代表的な筋肉です。肩甲骨の内転（肩甲骨を内側に寄せる）に作用します。

僧帽筋中部・下部を鍛える種目は、広背筋のトレーニングでもあるロウ系の種目ですが、握り方を変えることで、どちらに効かせるかを変えられます。同じロウ系の種目でも、オーバーハンドなら僧帽筋中部・下部を、アンダーハンドなら広背筋を使って負荷をかけられます。

また、僧帽筋には持久力を発揮する遅筋繊維が多く含まれており、持久的な負荷に耐えやすい構造なので、低〜中度の高回数設定は効果的です。

ただし、中部・下部繊維には速筋繊維も一定の割合で含まれるため、トレーニングでは低・中程度の高回数設定のみならず、高強度の負荷を用いたトレーニングも効果的になります。

■ベントオーバーロウ

ベントオーバーロウ（バーベルロウ）は背中を鍛える種目として有名である。バーベルを使う種目は他の種目に比べて高重量を扱いやすい傾向にあるが、ベントオーバーロウはその体勢維持の難しさから、背中よりも先に腰の疲労がピークに達しやすい。そのため、一般的には背中の種目としての優先順位が低いと言える。

科学的アプローチで三角筋を鍛える①

三角筋は肩を覆っている大きな筋肉で、前部・中部・後部に分かれています。そのうち、三角筋前部は鎖骨の外側部からはじまり、三角筋粗面までつながっています。

そのため、三角筋前部の主なはたらきは肩関節の屈曲（腕を前方にあげる動作）や内旋、水平内転です。

筋繊維の走行やはたらきを踏まえると、ショルダープレスやフロントレイズなどが三角筋前部を鍛える主な種目となります。加えて三角筋前部は、ベンチプレスやインクラインダンベルプレスなどの種目でも腕を前方に挙げる動作を行う際に使われるため、副次的に鍛えることができます。

また、三角筋を構成する筋繊維には、遅筋線維と速筋線維の両方が含まれています。低～中強度の負荷だけでなく、高強度の負荷をかけることでも、効果的なトレーニングになります。

■ショルダープレス

インクラインダンベルプレスのベンチの角度は30度から45度程度が目安であるのに対し、ショルダープレスでは直角に近い角度で行うのが一般的である。ショルダープレスの扱う重量が大きくなると、胸を張りブリッジを組む姿勢になりやすく、刺激が大胸筋上部に逃げてしまう。しっかりと背中を背もたれに付けて行おう。

科学的アプローチで三角筋を鍛える②

三角筋中部は、肩峰から始まり、上腕骨の三角筋粗面にかけて走っている筋肉です。主なはたらきは肩関節の外転（腕を体の真横にあげる動作）で、サイドレイズが三角筋中部を鍛える主な種目になります。

サイドレイズを行う際はまっすぐ立つのではなく若干前傾して行うことで、筋繊維の向きと負荷のかかる向きを統一することができます。

もうひとつ、三角筋後部は、肩甲棘から始まり、上腕骨の三角筋粗面にかけて走っている筋肉です。主なはたらきは肩関節の伸展（腕を後ろにあげる動作）や外旋（腕を外にひねる動作）、水平外転（横にあげた腕を後ろに引く動作）です。

三角筋に速筋・遅筋繊維があることは先述しましたが、特に中部や後部には速筋繊維が多く含まれています。そのため、高強度負荷をかけることで、より効果的な筋肥大が期待できます。

■三角筋後部

三角筋後部は上腕骨から肩甲骨に伸びている筋肉のため、水平外転を行う際に肩甲骨から動かしてしまうと、上腕骨と肩甲骨の距離が縮まらず、うまく鍛えられなくなる。肩甲骨を動かさずに外転させることが重要である。

科学的アプローチで大腿四頭筋を鍛える

大腿四頭筋は、大腿部の前面にある4つの筋肉（大腿直筋、外側広筋、内側広筋、中間広筋）の総称で、4つすべての筋肉が膝蓋骨《しつがいこつ》から始まり、脛骨粗面にかけて走行しています。膝関節の伸展や股関節の屈曲に作用し、スポーツや日常生活にも大きく関わっています。

大腿四頭筋を鍛える主な種目は、バーベルスクワットやレッグプレス、ブルガリアンスクワットなどです。

スクワットは、可動域を大きくすると筋肥大効果が望めるため、深い位置まで行うとよいでしょう。ただし、関節の柔軟性や過去のケガ履歴を考慮し、痛みのない範囲で行うようにしてください。

大腿四頭筋のような大筋群は、週2〜3回のトレーニングを推奨する研究も多くあります。一度で追い込むより、複数回に分散させた方が筋肥大効果を高めやすいという報告もあります。

科学的アプローチで上腕三頭筋を鍛える

上腕三頭筋は長頭、外側頭、内側頭の3つの筋肉からなる筋肉です。長頭は肩甲骨、外側頭は上腕骨の近位部後面、内側頭は上腕骨の遠位部後面から始まり、3つ全て尺骨《しゃっこつ》の肘頭にかけてつながっています。主なはたらきは、肘関節の伸展と肩関節の伸展・内転などです。

上腕三頭筋の長頭は肩甲骨に付着しているため、肘関節だけでなく肩関節の位置や動きによる影響を受けます。長頭部は腕を上げた状態で伸張されやすくなるため、ストレッチによる筋肥大効果が高いです。

上腕三頭筋を鍛える種目には、トライセプスエクステンションやケーブルプレスダウンなどがあり、この筋力を高めることで、ベンチプレスなどのコンパウンド種目の強化も狙えます。

上腕三頭筋のトレーニングは一度にボリュームを高めすぎると肘を痛めるリスクがあるため、週2~3回のトレーニングが推奨されています。

■ケーブルプレスダウン

上腕三頭筋を鍛える種目としてケーブルプレスダウンがよく行われる。しかしケーブルプレスダウンよりも、腕をあげ肩が屈曲した状態で行われる種目であるオーバーヘッドエクステンションのほうが、上腕三頭筋の特に長頭において、より効果的に鍛えられることが発見されている。

科学的アプローチで上腕二頭筋を鍛える

上腕二頭筋は長頭と短頭の2つの筋肉で構成されています。長頭は肩甲骨の関節上結節から始まり橈骨粗面《とうこつ》にかけて走行し、短頭は烏口突起《うこうとっき》から始まり前腕筋膜にかけて走行しています。

上腕二頭筋の主なはたらきは、肘関節の屈曲、肩関節の屈曲（長頭）、水平内転（短頭）などです。

上腕二頭筋は日常生活やスポーツでよく用いられる筋肉のため、速筋繊維と遅筋繊維が複合している部位でもあります。実際には速筋繊維が優位で働くため、高負荷や高テンポのトレーニングが効果的です。

カール系やプル系の種目を行う際は肩甲骨の安定が負荷の逃げを防ぎ、二頭筋を最大限に刺激するため非常に効果的です。しかし、ダンベルカールは下ろしきった時に負荷が抜けてしまうという弱点があります。そのため、ストレッチ時に強い負荷をかける種目も取り入れておきましょう。

目次

PART 1 ≫ 第一章

科学を基に実践的にアプローチする

PART 2 ≫ 第二章

初心者が効率的に鍛えるプログラム

PART 3 ≫ 第三章

中・上級者向け9WEEKプログラム

PART 4 ≫ 第四章

効率よく筋肉をつくるためのFAQ

PART 5 ≫ 第五章

科学で鍛える種目別トレーニング

装丁・本文デザイン　坂本達也
写真　ミラー ジャクソン
編集　田村真義（KADOKAWA）
酒井 均／金丸信丈（ループスプロダクション）
DTP 佐藤 修
校正　鷗来堂

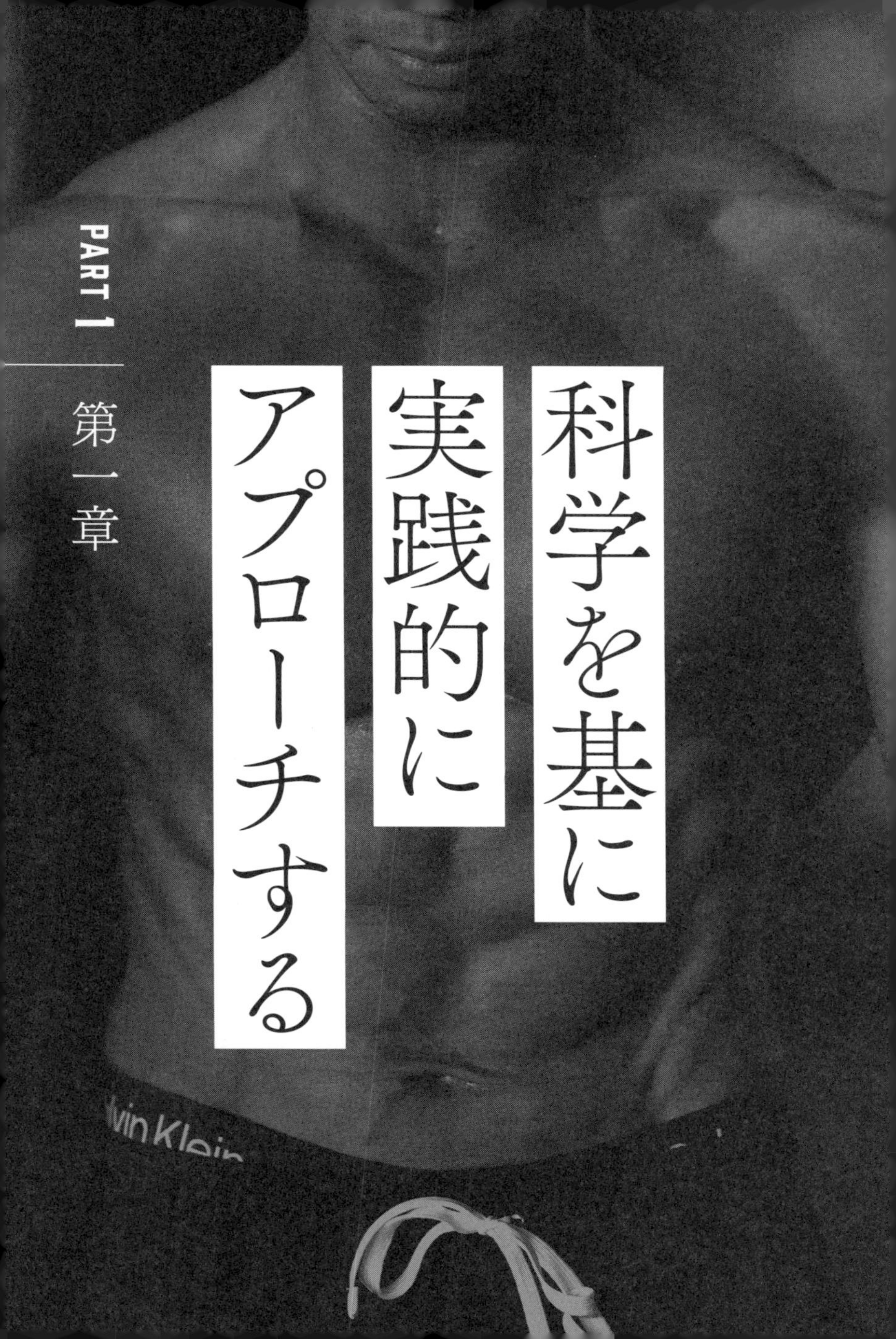

PART 1

第一章

科学を基に実践的にアプローチする

01 たんぱく質摂取量の科学

筋肥大を最大化させるための理想的な「たんぱく質」摂取量とされるものにはいくつかの説があります。

「たんぱく質は1回に20g以上摂取しても意味がない」というものや、「1回に40g摂取するのがいい」というものなど、巷にはさまざまな見解があり、迷ってしまうという人も多いことでしょう。

また増量期や減量初期、減量中期から末期にかけての摂取量は、当然それぞれ異なってきます。

今回はEric Helms博士のレビューを基に理想的な「1日の摂取推奨量」「1回の摂取推奨量」について科学的に説明します。Eric Helms博士は、ご自身もナチュラルなボディビルダーであり、その経験と博士号を所持する研究者の立場から、数々の論文を基にレビューを構成しています。

■たんぱく質のアミノ酸構成

たんぱく質は20種類のアミノ酸から構成され、バリン、ロイシン、イソロイシン、スレオニン、メチオニン、リジン、フェニルアラニン、トリプトファン、ヒスチジンの9種類は、必要量を体内で合成できないため、食事などで摂取する必要があり、これらのアミノ酸を必須アミノ酸という。他にグリシン、アラニン、グルタミン酸、グルタミン、セリン、アスパラギン酸、アスパラギン、チロシン、システイン、アルギニン、プロリンの11種類がある。

「1日」に必要なたんぱく質量は？

Helms博士によると、まず次の条件下でのたんぱく質摂取量が大前提となります。

①筋肉を維持するためには高たんぱく食が必要
②高たんぱく食は減量中の筋肉量維持に役立つ
③減量中でなくても、たんぱく質は筋肉量増加に役立つ
④減量中の場合、維持／増量時よりも多くのたんぱく質が必要
⑤体脂肪が高い人よりも、低い人の方がよりたんぱく質が必要

1日に必要なたんぱく質量は、右の原則に基づいて減量期と増量期で大きく変わります。これを踏まえた上で、「増量中でオーバーカロリーor維持カロリーの場合、たんぱく質の摂取量は体重1kgあたり1・2－2・2gであればいい」が、「減量中は、よりたんぱく質量が必要で、減量が進むにつれてさらに必要なたんぱく質量は増える」としています。具体的な減

■トレーニング期別のたんぱく質摂取量

維持・増量期	2.2g×LBM（除脂肪体重）
減量初期	2.5g×LBM（除脂肪体重）
減量中期〜末期	3.1g×LBM（除脂肪体重）

LBM... Lean Body Mass（除脂肪体重）
* [除脂肪体重] 体重から体脂肪を除いた体重。簡単に言うと筋肉量
*簡単な計算方法…体重-(体重×体脂肪率)=除脂肪体重
（ex.体重90kgで体脂肪率15%の場合…90kg-(90x0.15)＝76.5kg
*体重×gではなく、除脂肪体重×gなので注意が必要。

量中のたんぱく質量は除脂肪体重1kgあたり2・3－3・1gで、減量末期で摂取カロリーが低くなればなるほど3・1gに近づけていった方が筋肉を落とさずに減量できるとしています。

「1回」に摂取するべきたんぱく質の量は？

「たんぱく質量20g程度で筋合成刺激が最大化し、それ以上は効果が薄い」とする説が、最もよく耳にするものではないでしょうか。

この説はカナダのムーア博士が2009年に発表した論文が基になっていますが、対象となった被験者の数が少なく、トレーニング強度、ボリュームも十分ではありませんでした。

そこを改善した2016年の研究では、最低6ヶ月以上トレーニングを積んでいる被験者を対象に、「筋トレの直後に20gと40gのホエイプロテインを摂取して比べた結果、40gを摂取した方が多少筋肉合成をより刺激した」との結果が報告されており、この場合、より強度の高い全身トレー

■たんぱく質の1日の摂取量をHelms博士の基準から算出

例）体重70kg体脂肪率15%の人の場合（徐脂肪体重59.5kg）
1食あたり0.55g/kg摂取する場合、32.725gになる。
32.725gを4回摂取した場合は130.9g、5回摂取した場合は163.625g。

ニングをしたので40gの方がより筋合成が高まったのではないかと推測されます。また、国際スポーツ栄養学会ＩＳＳＮ(International Society of Sports Nutrition)も1回あたり20－40gで3－4時間空けて摂取することを推奨しています。Alan Aragonの２０１８年のレビューでは、筋肉をつけたいのなら、1食当たり0・4g／kgのたんぱく質を摂取する。1日に摂取するたんぱく質量が多いならば、1食当たり0・55g／kgのたんぱく質を摂ることとしています。

私の指導経験に基づく見解としては、個人の体質や状況による影響も少なくないと思います(下記参照)。

これまで確認したエビデンスから、1日トータルでの摂取量を決めた上で、1食当たり0・55g／kg(大体40－50g)のたんぱく質を1日4、5回程度に分けて飲むという方法が最も信用度が高いと思われます。

つまり「1度に何g、何時間おきに摂取するか」を細かく気にするよりも「食事は1日の総量で考え、後はしっかり寝ること」「トレーニングすること」そして何よりも「継続すること」が大切です。

■たんぱく質摂取量を左右するさまざまな要素

①たんぱく質にも植物性・動物性をはじめとして色々な種類がある
②たんぱく質の種類によってアミノ酸の血中濃度の上昇・下降のスピードも異なる
③ホエイプロテインと固形物の肉では消化吸収のスピードが異なる
④同時に摂取する炭水化物の量や脂質の組み合わせで消化吸収のスピードは変わる
⑤トレーニングのタイミングや時間、強度、年齢など、いろんな前提条件の違いや個人差も存在する

プロテイン摂取に関する疑問

Q　トレーニング後1時間以内に飲まなくてはいけないのか?

A　実はそうでもありません。数時間後でもそこまで差はないので、食事時間やタイミングをあまり気にせずしっかりした内容の食事を心がけましょう。

Q　寝る前のプロテインは効果的か?

A　日中忙しくてたんぱく質をこまめにとることができずに不足している場合は効果的ですが（1日に必要な総量を達成させるため）、総量が足りている場合は、さらにプラスで摂取しても大した効果は見込めないと思われます。

Q　WPIとWPCってどう違う?

A　WPC（ホエイプロテインコンセントレート）は原料のホエイから、炭水化物と脂肪をろ過したもの。たんぱく質の純度が80％以下で、値段は比較的リーズナブル。WPI（ホエイプロテインアイソレート）はWPCよりも高純度。たんぱく質の含有率が高く（90％前後）、乳糖がほとんど含まれていないので牛乳でお腹を壊しやすい人でも飲めます。牛乳でお腹を壊す人はWPIのホエイプロテインを飲みましょう。お腹を壊しにくい人はWPCの方が割安なので、WPCで問題ないです。

Q　たんぱく質はプロテインよりも鶏胸肉など固形物から摂った方がいいのか？

A　減量中はDIT（食事誘発性熱産生、摂取した食事を消化することでカロリーが消費される現象）やフードマトリックス（食物はたんぱく質・脂質・炭水化物だけでなくビタミンなどの多様な栄養素を含んでいるという考え方）の観点から固形物から摂った方が良い場面もありますが、プロテインからの摂取で問題ありません。特に食が細い人や忙しくて食事を摂る時間がない人は、1日に摂るべきたんぱく質量を達成するためにもプロテインをうまく活用しましょう。

02 「トレーニングボリューム」とは？

私は、トレーニングを始めたばかりの初心者から中級者あたりまでは「ボリュームを管理したトレーニング」を推奨しています。

ボリュームとは、「挙上重量」×「回数」の総和

今回は「トレーニングボリューム」にフォーカスして説明していきます。筋肥大の考え方として、セット数や頻度等のトレーニング量を「ボリューム」という考え方で管理することが大切です。

（例） 50kg10レップ3セットなら50×10×3＝1500kgのボリューム

Effective Rep〜効果的なレップとは？

10回ギリギリできるなら、5〜10回目のボリュームの総量が筋肥大には重要なのではないかということが最近分かってきました。5RM以下なら最初のレップから筋肥大ボリュームになります。これをEffective Rep＝効果的なレップという言い方をします（5RM：Repetition Maximum…5回がギリギリできる重量）。

重量を固定して行う10回3セットとか5回5セットのストレートセットの場合、1-2セット目は余裕を持ってできるのでボリュームを稼ぎやすいということになります。

また、1セット目から潰れるまで追い込んでしまうと出力が落ちてしまうので限界一歩手前で行うことでボリュームを稼ぐことができます。

逆に5RM以下の2RMとか3RMで行うと、重量は重いですが総レップ数が少なくなってしまうので、やはり5〜12RM辺りで主に行う方が、

■本記事を読むにあたっての注意点

①セット数は、「1部位あたり」の週のセット数。ex.「10セット／週」という記載の場合、×胸・背中・脚・肩を合わせて週に10セット○胸10セット、背中10セット、脚10セット、肩10セット／週

②胸なら胸、肩なら肩で1部位とする。大胸筋上部・中部・下部のように、細かくは分けない。

③基本的にはフルレンジでのボリューム。スクワットで浅くしゃがむと、可動域が減るのでボリュームが減ってしまう。ボリュームだけではなくストレッチ刺激、つまり筋肉が伸ばされた際にかかる負荷が筋肥大には重要とされているが、可動域が狭いとこの刺激がなくなってしまうので基本的にはフルレンジで考える。

ボリュームを増やしやすくなります。

大切なのは週のEffective Repのトータルボリューム

Effective Repの週のトータルボリュームが筋肥大には大切であり、例えば週に1回「脚部の日」、または「胸部の日」とするよりも、脚を週に2回に分けた方がより高重量を扱えるのでEffective Repのボリュームが増えます。

つまりスクワットを1日10セットやるより、週に2回5セットずつ行った方が、体力的により重量を増やすことが可能になります。

さらに高頻度で行った方がスクワットの動作自体も上達が早まるという技術面の利点もあります。

自分に最適なボリュームの探し方

③MAV:maximum adaptive volume＝最大適応ボリューム
筋肥大の最大限効果を出すためのボリューム。部位にもよるが10-20セット程度。筋肥大目的かつ増量期でしっかり毎月体重を増やしている場合、このくらいのボリュームでトレーニング効果を見た方が良い。
④MRV:maximum recoverable volume＝最大回復可能ボリューム
ぎりぎり回復できるトレーニングボリューム。だいたい20セットで、これ以上はオーバーワークになるというボリューム。あえてこのボリュームまで増やしてトレーニングに対するキャパシティを増やすという手法。

Eric Helms博士も、自身の著書『肉体改造のピラミッド』で、ボリュームに関しての記述では、「トレーニング後に十分回復できるボリューム、成長できる範囲でトレーニングを行うことが大切で、出来る限りたくさんトレーニングを行うと考える必要はない。プラトー(停滞)した時にボリュームを増加させれば良い」としています。

トレーニングを始めたばかりの初心者や、伸び悩んでいる人は、「各部位10セット/週」からスタートしましょう。

トレーニング歴が長い人で、最近筋肥大が停滞してきており、セット数が足りていないと感じる人は、「15セット/週に増やす」「3～5レップの高重量低レップのセットを取り入れる」「1～2ヶ月程度20セット/週で行う→10セット/週に戻す」を繰り返すと良いでしょう。

肩や胸、背中など、特定の部位を集中して鍛えたい場合は、他の部位を少し控えめにするなどしてボリュームのバランスを取る工夫も必要だと思います。

Schoenfeld博士によれば週に10セット前後を目安に。Robert Morton博

■ボリュームの分類

①MV:maintenance volume＝維持ボリューム

「維持ボリューム」とは、筋肥大はしないけど減りもしない、筋肉量を維持するための最低限のボリューム。ディロードトレーニングでは、原則的にこのMVで行う。セット数は、3-6セット程度。

②MEV:minimum effective volume＝最低限のボリューム

筋肥大をする最低限のボリューム。セット数は、6-10セット程度。

士によると各部位週に15セット以下で、15セットを超えないセットで行うことを推奨しています。

私の初心者向けプログラムでも週に9セットで設定しています。3〜4週間程度プログラムを続けてもらい、伸びていればそのまま続けるよう指導しています（トレーニングを始めたばかりであれば、もっと少ないセット数でも伸び続けます）。

ボリュームを管理してトレーニングしよう

自分でトレーニングプログラムを作る場合、なんとなくでセット数を決めたり、追い込むことだけを考えるのではなく、この「ボリューム」という考え方を頭におきましょう。

具体的にどういう風にトレーニングしたらいいか分からない場合は、初心者向け・初中級者向けのプログラムを販売しておりますので、参考にしてください。

---

⑤身長／身長が高くなると、ほとんどの場合は可動域が広くなる。腕が長ければベンチプレスのストロークはより長くなり、脚（特に大腿骨）が長ければスクワットでより多くしゃがむ必要が生じる。同じベンチプレス100kgでも、例えば可動域が15cmの場合と30cmの場合では仕事量は倍違うことになる。したがってボリュームは身長によっても変わる。高身長・高体重の人は扱う重量も可動域も増える場合がほとんどなので高ボリュームになりやすく、オーバーワークに気を付ける必要がある。

また、下記にて紹介していますが、自分に最適なボリュームを設定する場合、さまざまな要因でそれが変化するということを理解してください。それまで順調にトレーニングができていても、何らかの原因でボリュームを変更する必要が生じる場合があります。

トレーニング初心者から中級者にかけては、「ボリューム管理」を意識した計画が筋肥大を促進する鍵です。ボリュームとは、挙上重量と回数の総和であり、これを適切に管理することで効率的な成長が期待できます。特に重要なのがEffective Rep(効果的なレップ)で、限界の手前で行う回数が筋肥大に大きく寄与します。高頻度でトレーニングを分割し、1回に多くのセットを行うより、週2回に分ける方が成果が出やすいことが分かっています。初心者は各部位週10セット程度から始め、停滞した際に徐々にボリュームを増加させるのが適切です。また、適切な休息を取りつつ、自分の体力や回復力に応じた計画を立てることが重要です。無理なく継続可能なプログラムを組み、ボリュームの調整を通じて効率的なトレーニングを目指しましょう。

■最適なボリュームが変わる要因とは？

①年齢／10代と50代では回復力に差があるのは明確なので、年齢が高いと最適なボリュームは下がる。

②睡眠時間／何時間寝たかによって変わる。8時間程度の睡眠が望ましい。

③生活強度／デスクワークか、肉体労働か、立ち仕事か等によって変わる。もちろんデスクワークの方が回復は早く、ボリュームを多くできる可能性が高い。

④精神的ストレス／仕事などでストレスを抱えていると肉体的な疲労も溜まりやすい。

03 トレーニング再開時の正しい負荷の戻し方

効率的に筋肉を戻すための重量・セット数

さまざまな理由で、一時的にトレーニングを休むことがあると思います。職場環境の変化や転居。子育てや介護などによる影響も大きいことでしょう。大規模な感染症の流行で、ジム自体が営業を自粛するということもありました。もちろん個人的な病気や怪我によりトレーニングを休まざるを得ないということは誰にでも起きるものです。

こうした期間を経て、いざトレーニングを再開するという時には、筋肉が落ち、重量も扱えずモチベーションも上がらないという状況に置かれる人も多いことでしょう。

気をつけなければいけないのは、再開時にいきなり以前可能だった重量

■NSCAの「アスリートのための安全なトレーニング再開に関するNSCAガイドライン」

「50/30/20/10ルール」　中断前の重量を100%とした場合に、次のように5週間かけて戻す。
1週目を50%の重量(50%ダウン)
2週目を70%の重量(30%ダウン)
3週目を80%の重量(20%ダウン)
4週目を90%の重量(10%ダウン)
5週目を100%の重量
という風に重量を設定します。長期間休んだ人は5週間かけて戻していきましょうというルールです。

に近いところから始めてしまい、怪我をしてしまうこと。いつもの筋肉痛のつもりで実は怪我をしていることに気がつかないということもあります。筋肉痛がある種快感になっているトレーニーの方は、特に注意が必要です。

本書では、安全で正しい指標に基づく負荷の戻し方を、世界的なストレングス&コンディショニングの教育団体であるNSCAのガイドラインより紹介します。

「アスリートのための安全なトレーニング再開に関するNSCAガイドライン」は、FITルール（頻度、強度および休息時間の指標）として「50／30／20／10ルール」という段階を経たトレーニングを推奨しています。

2ヶ月間完全にトレーニングを休んでいたと想定した場合、以前のメインセットの50％から始め、週毎に重量をあげていくメニューになります。

以前と同じ重量が可能であったとしても、無理をすれば1週間以上酷い筋肉痛でトレーニングができなかったり、最悪の場合、深刻な怪我をしてしまうこともあります。くれぐれも、「精神力」を鍛える目的で身体を疲労困憊まで消耗させるトレーニングは行わないようにしましょう。

■例えばトレーニング中断前にベンチプレス100kg10回をやっていた人なら

①1週目は50%の50kgぐらいで10回3セット
②2週目70%まで増やして70kg10回3セット
③3週目80% 80kg10回3セット
④4週目90% 90kg10回3セット
⑤5週目100% 100kg10回3セット
中断前の重量の50%から始め、以前よりもフォームを意識して行う。

効率的に筋肉を戻すための頻度・ボリューム

■頻度

トレーニングを再開した時は、全身を軽めに高頻度で鍛えた方が筋力も戻りやすくなります。同じ部位を週に2回程度行いましょう。

■ボリューム

1－2週目はIRV単位が11－30になるように設定しましょう。

■IRVとは？

セット数×レップ数×%1RM（小数）

以前メインセット100kg10回3セット（推定MAX125－130kg）で行っていた人が50kg10回3セットから始める場合は、3sets×10reps×0・4(125kgに対して50kgは40%)＝IRV12なのでOK。10セットやってしまうと、10sets×10reps×0・4なら40になるのでやりすぎとなります。計算が面倒な人は、ベンチプレス系の種目

（チェストプレス／ダンベルプレスでもＯＫ）、デッドリフト、懸垂orラットプル、ショルダープレス、ダンベルカール、トライセプスＥＸ、サイドレイズ

以上の種目を10回3セット、重量は50／30／20／10ルールで重量設定して1－2週目は各部位週に2回、3－5週目は各部位週に2－3回行いましょう。

これだとＩＲＶが1－2週で30を超えることはほぼないです。全身やるのがきつい人は、上半身①、下半身①、上半身②、下半身②、で週に4回行いましょう。5週目から以前の重量に戻します。戻しはしますが、やりすぎはよくありません。その理由は、**トレーニングボリュームに対する感受性が高くなっているから**です。

トレーニングを長期間休むと、トレーニングに対する感受性が高まるので少ないセット数・小さいボリュームでも体が反応しやすくなります。なので以前のトレーニングにいきなり戻すのではなくて、少しずつ増やしていきましょう。

インターバルは長めに取ろう

2〜3ヶ月にわたって運動をしていない場合、筋力だけではなくて心肺機能も落ちていますので、インターバルはいつもより長めに取りましょう。

感染症予防のためにマスクを着けている場合は、特に無理をせずにインターバルを取りましょう。NSCAは、「1週目は必ず5分インターバルを設けましょう」と推奨しています。これまで5分取っていた人は6分取ってください。

また、マスクをしていると熱中症のリスクが高くなりますので十分な水分補給も行いましょう。

最後に繰り返しになりますが、トレーニング再開時は筋肉も落ち、モチベーションが上がらない中、早く取り戻そうとして無理してしまいがちになるので、しっかりとした指標を持って行うことが何より大切です。

再開時の重量は、安全な指標によって決まっていた方がモチベーションにかかわらず計画的に適切なボリュームを消化でき、無理をする危険も回避できます。

また、重量が扱えない分、正しいフォームでの動作により気を配ることでフォームの欠点が矯正されるという利点もあります。

正しいフォームでの動作によって、これまでベンチプレスで肩が痛くなっていたのに、その痛みが出なくなるといったケースもあります。

トレーニングを休んでいた間、関節も十分な休息を取れて修復され、痛みがおさまった方もいらっしゃるのではないでしょうか。せっかくリセットできた関節、大事に使っていきましょう。

再開時のトレーニングは、ここで紹介した基本を踏まえて計画的に行えば、5週間で元の重量に戻すことが可能ですので、決して無理せずトレーニングに取り組みましょう。

04

大胸筋を大きくするには？

大胸筋の上下、中央部分の鍛え分けは必要か？

トレーニングを続ける中で、多くの人が「特定の部位が思ったように発達しない」といった悩みを抱えるようになります。特に大胸筋に関しては、「上部が不足している気がします」という声をよく耳にします。

例えば、バーベルベンチプレスを中心にトレーニングを行うと、大胸筋の中部や下部が優先的に発達する傾向があります。その一方で、大胸筋上部の発達が遅れることが多く、胸全体のバランスが気になるケースが少なくありません。胸板を立体的に見せるためには、大胸筋の上部、中部、下部をそれぞれバランス良く鍛えることが重要です。

大胸筋上部を鍛える代表的な種目は、「インクラインダンベルプレス」

「インクラインスミスマシンプレス」「ケーブルフライ」などになります。大胸筋上部を効果的に鍛えるには、筋線維の走行に沿った角度で動作を行うことがポイントです。上半身と腕の角度を一致させることが、最大限の筋活動を引き出すカギとなります。

バーベルベンチプレスが胸に効かない!?

「バーベルベンチプレスは胸に効かないからダンベルベンチプレスをやっています」という人のほとんどが、しっかりと胸を張れていません。しっかりと胸を張れていない場合、バーが下りきったストレッチの局面で胸への負荷が抜けて肩に負荷がかかってしまうのでしっかりと胸を張ることが重要です。

しっかりと胸を張るためには、胸椎（背骨の上の方）と肩甲骨の内転（肩甲骨を寄せる動き）の柔軟性がある程度必要なので、柔軟性の問題であまりにも胸が張れていない場合にはこの柔軟性を出すためのストレッチが必要になってきます。

トレーニングというのは「筋肉を伸ばして縮める運動」なので、胸椎が硬く、伸展動作がうまくできない場合、プレス系の種目はほとんどできなくなってしまいます。

ベンチプレスが胸に効かず、肩や腕に効いてしまうという方は、ぜひストレッチを試してみてください（脚注参照）。即効性のあるものではありませんが、続けているうちに必ず柔軟性は向上します。胸椎が硬いと背中のトレーニングもうまく行えなくなってしまうので、トレーニングの質の向上のためにも取り組むことをおすすめします。

「効いている感」と「実際の負荷のかかり具合」はイコールではない

前の項で「胸に効かない」という表現をしましたが、実際には効いている感覚が乏しい種目でも正しいフォームで行えていれば筋肉に負荷はかかっています。

筋肉は縮んでいる状態だと「収縮感」が起こります。上腕二頭筋も、曲げている状態だとぐっと力が入っているのが分かりやすいですが、伸ばした状態だと力が入っているかどうかは分かりにくいと思います。インクラインダンベルカールなどもそうですが、伸ばした状態で負荷がかかっている種目というのは「効いている感じ」が少なくなりますよね。

しかし、効いている感がないからといって負荷がかかっていないというわけではありません。逆に、上腕二頭筋を曲げた時に負荷がかかる種目というのは「収縮感」があるため効いていると思いがちですが、収縮感だけを基準にして種目を選ぶと収縮系の種目ばかりになるので、〝収縮感・効いた感〟をあまり重視しすぎるのもよくありません。

初心者のうちはバーベルベンチプレス、もしくはダンベルベンチプレスの重量をしっかり伸ばしていくことをおすすめします。ケーブルフライや、ダンベルフライでは自分で大胸筋をコントロールする必要があり、それができないと代償動作(他の部位を使って無理やり上げる)が出やすいので初心者はメインの種目には持ってきづらいです。

■胸椎の柔軟性を高めるストレッチ

胸椎の柔軟性を高めるストレッチは、上半身のトレーニング効果を最大化するために重要である。まず、四つん這いの姿勢を取り、肩甲骨を寄せるようにしながら胸を反らせる。この際、首を過度に反らさず、背骨全体の動きを意識する。次に、仰向けに寝てタオルを四つ折り程度にして胸椎の下に置き、軽くアーチを作るように胸を反らせる。この姿勢を数秒キープし、リラックスする動作を繰り返す。さらに、壁に背を向けて立ち、両手を頭の後ろに組み、肘を広げて胸を開く。この時、背中全体を壁につけるように意識する。また、椅子に座り、手を頭の後ろに組んで胸を反らせるストレッチも効果的である。これらのストレッチを毎日行うことで、胸椎の柔軟性が向上し、プレス系の種目におけるフォームの改善と筋肥大効果の向上が期待できる。

胸椎の柔軟性を向上させ、正しいフォームでベンチプレスを行うことで大胸筋は全体的に筋肥大します。まずはフラット種目をしっかりと行えるようにしましょう。

大胸筋の上下や中央部の鍛え分けについては、多くの人が疑問を持つ部分ですが、実際には大胸筋全体のサイズが小さいことが原因で、特定の部位が弱く見えることが多いです。大胸筋をバランス良く鍛えれば、自然と上部にも厚みが出てきます。特にインクライン種目を取り入れる必要はなく、フラットな種目だけで十分に大胸筋を筋肥大させることが可

ラックアップの際にはできるだけ肩をあげないようにし、スタートポジションに来たら再度胸を張り直す。

能です。まずは全体的な筋肥大を目指しましょう。

また、バーベルベンチプレスが胸に効かないという悩みを持つ人の多くは、胸をしっかり張れていないことが原因です。バーを下げた際に胸への負荷が抜けて肩に負荷がかかるため、胸を張ることが重要です。胸椎と肩甲骨の柔軟性を高めるためのストレッチが必要です。これにより、正しいフォームでのトレーニングが可能となり、胸全体の筋肥大を促進します。

「効いている感」と実際の負荷のかかり具合は一致しないこともあります。筋肉は伸縮する運動で負荷がかかるため、収縮感がなくても正しいフォームで行えば十分な負荷がかかります。逆に収縮感だけに頼ると偏ったトレーニングになりがちです。初心者はバーベルやダンベルベンチプレスでしっかりと重量を伸ばし、フライ系種目は後回しにしましょう。胸椎の柔軟性を向上させ、正しいフォームで続けることで、着実な大胸筋の筋肥大が期待できます。

05

「筋肥大に最適なトレーニング時間」とは？

トレーニング時間が60分を超えると、コルチゾールが分泌されて筋肥大に悪影響を及ぼす!?

私の販売しているプログラムに関するコメント欄では、「どうしても60分を超えてしまいますが、大丈夫でしょうか？」という質問をよく受けます。この「筋トレは60分を超えない方が良い」という話に、しっかりとした根拠があるのでしょうか？

この話の根拠は、トレーニング時間が60分を超えるとコルチゾールが増え、筋肉を分解してしまうという説にあります。具体的には、筋肉や内臓を分解する働きをする異化ホルモンであるコルチゾールは、副腎皮質から分泌され、ストレスを受けた時にその分泌が増えるため、トレーニング時

■コルチゾールとは？

●異化ホルモン（コルチゾールetc.）
栄養素を使っていく方向の代謝を高め、筋肉や内臓を分解する。
●同化ホルモン（男性ホルモン、インスリン、成長ホルモンetc.）
栄養素を取り入れる方向の代謝を高め、筋肉や内臓を作る、大きくする。

間は60分以内におさめた方が良いと考えられています。

この説に確かな根拠やエビデンスがあるのか調べてみました。しかし現在のところ、「コルチゾールが筋肥大を目指すトレーニングにマイナスの影響を与えるかどうか」については、はっきりとした結論は出ていません。十分な科学的エビデンスに基づいた証拠はなく、現時点では「60分以上トレーニングを行うとコルチゾールが分泌され、筋肥大に悪影響を与える」と断言するのは難しいとされています。

現在はっきり分かっていること

現在、はっきりと分かっていることは、筋肥大には1週間単位でのトレーニングボリュームと強度が重要だということです。この点を抜きにして筋肥大に関する現象を語ることはできません。

「トレーニング時間が何分か」ということよりも、「1週間単位でどれだけボリュームを確保するか」を重視して、トレーニングメニューを組む姿

■現時点での科学的エビデンス

①週のトレーニングボリュームがある一定まで増えると筋肥大に効果的
→科学的に高いレベルで根拠有り
②インターバルを長くすることでボリューム・強度を高くでき筋肥大効果が高まる
→科学的に根拠有り
③60分を超えるとコルチゾールが分泌されて筋肥大に悪影響
→科学的に根拠無し

勢が大切です。

そのため、「インターバルを1分にしてトレーニング時間を短縮する」よりも、「トレーニング時間が長くなるが、3分から5分のインターバルをしっかりと取ることで高重量を扱いやすくなり、ボリュームを稼ぐ」方が筋肥大には効果的であるということが分かっています。

長時間のトレーニングは、集中力が切れやすく、疲労も蓄積しやすいため、ボリュームや強度が低下する可能性があります。

この点においてデメリットがあるかもしれませんが、「60分を超えるとコルチゾールが過剰に分泌され、筋肥大に悪影響を与える」という説には根拠がありません。

何が正しいかを判断する際には、憶測ではなく、実際に分かっている事実を優先して考えることが重要です。人体の代謝サイクルには未解明な部分が多くあります。憶測だけで「異化ホルモンが分泌されると悪影響が出るだろう」と考えるのではなく、実際の実験結果や確立された知識（ボリュームやインターバルの重要性）を基に優先順位をつけるべきです。

■2.5分インターバルの場合

①インターバル：2.5分×21セット＝52.5分
②トレーニング時間：1セットあたり30秒と仮定×22セット＝11分
③各種目のアップや移動など：1種目2分と仮定×9種目＝18分
合計81.5分
最低でもこのくらいは必ずかかる＋スクワットやダンベルベンチプレスのアップでは10分以上かかるので現実的に考えると90分はかかると予想できる。

インターバルを1分にしてトレーニング時間を短縮する方がコルチゾールは多くなる

トレーニング未経験者を対象に、1分間のインターバルと2・5分間のインターバルで比較した研究があります。この研究では、1分間のインターバル群の方がトレーニング後のテストステロンやコルチゾールのレベルが高くなったものの、トレーニング期間が長くなるにつれてその差は小さくなり、10週間後には両者の差がなくなりました。

また、筋断面積については、1分間のインターバル群が5・1%の増加に対し、2・5分間のインターバル群は12・3%の増加が見られ、筋断面積は2・5分間のインターバル群の方が増加しています。

■1分インターバルの場合

インターバルが21分なので、2.5分群との差は31.5分、その他の時間は同じだとすると81.5分-31.5分=50分なので60分以内でトレーニングが完了している、ということになる。1分群は60分以内、2.5分群は90分のトレーニング時間だが、1分群の方がコルチゾールレベルが高くなり、筋肥大効果が薄くなっている。短いインターバルでは強度が落ちて筋力向上効果も落ちるのでデメリットが多い。無理にインターバルを詰めて60分で終わらせるより、しっかりインターバルを取って60分以上行った方が筋肥大効果が高い。

短時間でボリュームを稼ぐテクニック

急に仕事が忙しくなり、1回のトレーニングを限られた時間内で行わなければならないことは、誰にでもあることだと思います。そのような時に有効なのが、ドロップセット（188ページ参照）やレストポーズ法を取り入れたトレーニングです。

Brad Schoenfeldのレビューによると、ドロップセットやレストポーズ法を使用することで、短時間でも十分なボリュームを稼ぐことができ、トレーニング効果も期待できるとされています。

週に2回、1時間ほどの時間しかトレーニングに割けない場合は、ボリュームを確保するためにレストポーズやドロップセットを取り入れることをお勧めします。

このような手法で「追い込む」トレーニングは、限られた時間内でも効率的にボリュームを得るために有効です。

■週にトータル50セットトレーニングする場合

週5回の人…1回あたり10セット／3分インターバルで40〜45分
週2回の人…1回あたり25セット／3分インターバルで90〜120分
ここで週2回の人が「60分を超えると悪影響があって筋肥大しない！」という思い込みから、短時間で終われるようにセット数を少なくしたりインターバルを無理に短くする必要はない。大切なのは1週間のトータルのボリュームなので60分以上かかってもしっかり行うこと。

60分を超える場合は、トレーニング中の糖質摂取を！

コルチゾールが増えるからといって、トレーニング時間「60分以内」に縛られる必要はありません。無理にセット数を減らしたり、インターバルを短縮したりしても、得られる効果は限られています。

大切なのは、週単位でのトータルボリュームと強度を重視することです。その結果、インターバル時間を確保するためにトレーニング時間が長くなることは、特に問題ではありません。

ただし、適切なインターバルを取っており、60分以内にトレーニングを終えられているのであれば、無理に60分を超えてトレーニングする必要はありません。無意味に長時間トレーニングを行うことは、集中力が切れる原因となり、良い結果を生むことはありません。また、長時間トレーニングを行う場合は、必要な糖質を摂取することで、パフォーマンスの向上に役立ちます。下記に記載した量の糖質摂取を目安にしましょう。

■下半身を含むトレーニングで必要になる糖質

1.0g×体重kgを摂取（70kgなら70g/1時間）

■上半身のトレーニングで必要になる糖質

0.5kg×体重kgを摂取（70kgなら35g/1時間）

※CCDや、BCAAにマルトデキストリンを混ぜたものなどで糖質を補給する。

筋肥大に最適なインターバルの取り方～最新のレビュー紹介

本書では「トレーニングボリューム」という言葉を頻繁に使用しますが、現在、この概念を抜きにして筋肥大に関する議論をすることは難しくなっています。「ボリュームをどうやって増やすべきか？」という視点でトレーニングメニューを考えることが必要です。結論から言えば、「トレーニングボリュームを効率的に稼ぐためには、適切なインターバル設定が重要である」ということになります。

ただし、「ボリュームを稼ぐ」という表現から、「稼げば稼ぐほど＝大きければ大きいほど良い」と誤解されることがあります。しかし、トレーニングボリュームが大きければ大きいほど必ずしも良いわけではありません。さらに、同じトレーニング内容を短いインターバルで行うと、どうしても扱える重量が下がってしまいます。そのため、インターバルを長めにとった方が、結果的にトータルボリュームを効率よく増やしやすくなるのです。

■ボリュームを稼ぐトレーニング

例）ベンチプレス100kg10回を行った後、1分インターバルだと2セット目は、5、6回になる場合でも、しっかりと3-5分インターバルを取るとそれ以上でき、それだけボリュームを稼ぐことが可能になる。

「短いインターバルが効果的」説は否定されつつある

以前は、短いインターバルで追い込むトレーニングの方が筋肥大に効果的であると考えられていました。

しかし、最近のさまざまな実証データに基づくレビューによると、長いインターバルをとってボリュームを稼ぐ方が筋肥大効果が大きいと報告している研究が多数派となっています。

例えば、2016年に行われた研究では、短いインターバル（1分）と長いインターバル（3分）でのトレーニング効果を8週間にわたって検証した結果、長いインターバルの方が筋肥大効果が大きいと報告されています。

現在では、多くのレビューが長いインターバルの優位性を支持しています。その理由として、「長いインターバルをとることで、より重い重量を扱えたり、回数を増やせるため、ボリュームを効率的に稼げる」という考察が挙げられます。

■トレーニングで生産されるホルモンは筋肥大と関係がない

トレーニングによって生産されるホルモンが筋肥大には関係ないとする注目されるレビューがある。成長ホルモンだけでなく、異化ホルモンのコルチゾールも同様で、「トレーニングで成長ホルモンが出たから筋肥大に効果があるか／コルチゾールが増えるから筋肥大に悪影響があるか」に関して、そのどちらもほぼ影響がないとしている。

トレーニング経験者を対象に、ベンチプレスとレッグプレスを行わせ、インターバルを1分／3分／5分に分けて16週間トレーニングを実施し、筋力を比較した研究があります。その結果、5分インターバル群が最大の効果を示し、1分インターバル群が最も効果が低いことが分かりました。

これは筋力を対象とした研究であり、筋肥大と完全に同一視することはできませんが、筋力を向上させる目的ではインターバルを5分取る方が効果的であるといえます。

つまり、「同じトレーニングメニュー」であれば、インターバルが長いほど扱える重量が増え、レップ数も多くなるため、トレーニングボリュームが増加し、筋肥大に有利であることが知られています。同様に、筋力向上の場合でもインターバルを長く取る方が効果的であることが示唆されています。

ただし、トレーニング時間が限られている場合、インターバルを長く取ることでセット数を減らさざるを得なくなることも事実です。このような場合について検証した、2020年6月の最新レビューを紹介します。

ボリュームを同じにしてインターバルの長さを変えると

これまでのインターバルに関するレビューを踏まえ、「ボリュームを同じにしつつインターバルの長さを変えるとどうなるか」を検証した2020年6月5日の新しいレビューを紹介します。内容は少し複雑ですが、以下のような設定で行われました。

●LI（ロングインターバル）：インターバルが長いため、重い重量を扱うことができ、ボリュームが多くなります。

●SI（ショートインターバル）：インターバルが短いため、扱える重量が軽くなり、ボリュームが少なくなります。

●VLI-SI：LIで得られるボリュームを、1分間のSIで再現するよう、セット数を増やして実施します。

●VSI-LI：SIで得られるボリュームを、3分間のLIで再現するよう、セット数を減らして実施します。

■ インターバル用語とその検証

①LI(ロングインターバル)はインターバルが長いので重量を扱うことができボリュームが大きい。
②SI(ショートインターバル)はインターバルが短いのでボリュームが小さい。
③VSI-LIはSI(ショートインターバル)のボリュームを3分インターバル(ロングインターバル)にして行うのでセット数が減る。

結果として、ボリュームが大きいLIとVLI－SIが、筋肥大において優れた結果を示しました（四頭筋のCSA［筋断面積］の増加）。一方、ボリュームが小さいSIとVSI－LIでは、筋肥大の効果が限定的という結果でした。

つまり、インターバルの長さ自体が筋肥大に直接関係するわけではありませんが、「インターバルを長く取ることでトレーニングボリュームが増え、それが筋肥大に良い効果をもたらす」という説を裏付ける結果となりました。とはいえ、3分から5分ものインターバルを取る時間がない場合もあるでしょう。そのような場合には、レストポーズ法やドロップセット法を活用し、短時間で効率よくボリュームを稼ぐ方法が有効です。

一方で、「インターバルを短くしてセット数を大幅に増やせば同じ効果が得られるのでは？」と考える人もいるかもしれません。理論上、それは可能です。

特に、ダンベルカールのようなアイソレーション種目では、1分インターバルでセット数をある程度増やすことができるでしょう。

■筋肥大効果を最大にするための種目別インターバル

①BIG3など筋力も伸ばしたい、インターバルが短いと息が上がってきつい種目
→4-5分程度
②懸垂、ショルダープレス等上半身の種目、重量を扱わない種目
→3-4分程度
③ダンベルカールやサイドレイズ等アイソレーション種目
→1-3分程度

しかし、スクワットやベンチプレスなどのコンパウンド種目では、心肺機能への負荷が過大となり、セット数を増やすのが現実的ではありません。無理に行えばフォームが崩れやすくなり、怪我のリスクが高まるため、この方法はおすすめできません。

また、すべての種目で5分のインターバルを取ると、1日15セットのトレーニングでもインターバルだけで合計75分を要し、トレーニング機材を長時間占有することにもなりかねません。これは、トレーニングマナーの面でも問題です。そのため、ダンベルカールやサイドレイズといったアイソレーション種目では、代謝ストレス（いわゆるパンプやバーン）を刺激としている側面もあるため、インターバルを短めに設定しても過酷になりすぎることはありません。

こうした種目を短時間で終わらせ、全体のトレーニング時間を節約するのは効率的な方法と言えるでしょう。

■レストポーズ法とは

レストポーズ法は、筋肉を限界まで追い込むために効果的だ。まず、通常の重量で限界まで反復回数を行い、一度動作を止めて10〜15秒間の短い休憩を取る。その後、再び同じ重量で限界まで反復を行う。この短い休憩と限界回数の繰り返しを3〜5セット行うことが基本。この方法により、通常では行えない追加の反復回数を実現し、筋肉にさらなる負荷をかけることができる。レストポーズ法は、高強度で筋肉を疲労させるため、筋肥大や筋持久力の向上に効果的である。また、トレーニング時間を短縮しつつも効果を最大化できるため、忙しい人にも適している。この方法を取り入れる際は、適切なフォームと安全性を確保することが大切だ。初心者は無理をせず、段階的に重量を調整しながら取り組むように。

06 「トレーニングの三原理五原則」はとても大切！

トレーニングで伸びる人は「三原理五原則」を大切にしている！

トレーニングで成果が出る人と出ない人の違いは、結局のところ、この「三原理五原則」をしっかり押さえてトレーニングを行っているかどうかに尽きます。これはトレーニングにおける基本中の基本ですが、その分、注目を集めるテーマとして取り上げられることは少ないかもしれません。そこで、この項ではこの原理原則について詳しく紹介します。

過負荷の原理

トレーニングで効果を得るためには、より強い負荷をかける必要があるという原理です。日常動作よりも弱い負荷をかけても意味がなく、また、

■トレーニングにおける「チーティング」とは

筋力トレーニングを行う時の「チーティング」とは、トレーニング時に、本来負荷をかけて鍛えるべき筋肉以外の筋肉を無意識的に使うことを意味する。「チーティング」は英語で「反則」という意味を持つ。ターゲットの筋肉以外の筋肉を使って勢いをつけることで負荷は軽くなるが、これを行うことによりトレーニングの効果が低下する。反動を使ったエクササイズを「チーティング」と呼ぶこともある。チート（Cheat）というのは本来「ズルをする」という意味の言葉。

慣れている負荷を超えた負荷をかけることが求められます。

例えば、ベンチプレスで60kgを10回挙げられる人が、1年間同じ60kgで10回のトレーニングを続けても、大きな効果は期待できません。この過負荷の原理に基づき、トレーニング効果を得るためには、負荷を徐々に大きくする必要があります。具体的には、61kg、62kg…というように重量を増やすか、60kgで11回、12回と回数を増やしていく方法があります。

ただし、回数で負荷を増やす場合には注意が必要です。筋肥大や筋力アップの目的においては、15～20回を超えるような高回数では効果が薄くなることが一般的です。そのため、トレーニング成果を得るためには、最終的に回数を増やすのではなく、重量を増やす方向にシフトすることが重要です。重量を上げる際に、可動域が狭くなったり、チーティングを使ってしまう人がいます。しかし、重さを増やしても可動域が変わってしまうと、実際には負荷が減り、過負荷の条件を満たさなくなります。

そのため、トレーニングでは常に「同じフォーム・同じ可動域」を守りながら、徐々に重量を増やしていくことが大切です。正しいフォーム維持

■重量を下げて過負荷にする方法もある

①チーティングを使っていた人がストリクトなフォームに変える

②可動域を十分に取る（ex.クォータースクワット100kg→フルスクワット90kg）

上記のように重量を上げずに過負荷状態にすることもできるが、基本は重量を増加させることが「過負荷の原理」に沿ったトレーニングとなる。

が、効果的に筋肉へ刺激を与え、確実に成長を促すことにつながります。

特異性の原理

「トレーニングは、目的として行ったこと、または鍛えた部位にのみ効果が表れる」という原理です。特定の目的を達成したいのであれば、それに合ったトレーニングを行う必要があります。

例えば、腕立て伏せやダンベルカールをしても脚は鍛えられませんし、有酸素運動では瞬発的な筋力アップを期待することはできません。どんな目的であれ、それに応じた正しいトレーニングを行うことが重要です。

また、筋力トレーニング、筋持久力を鍛えるトレーニング、心肺機能向上のためのトレーニング、そしてスポーツの技術を習得する練習は、それぞれ目的が異なるため、分けて考えるべきです。

つまり、筋力トレーニングは「そのスポーツに必要な筋力を鍛えること」に特化させるべきであり、スポーツ動作そのものの練習とは切り離して考えるのが正しい方法です。このように、目的に合ったトレーニングを選択することが成功への近道となります。

可逆性の原理

「トレーニングをやめると、体は元の状態に戻る」という原理です。

よく見られる短期集中ダイエットでは、急激な食事制限や運動で一時的に体重が減ったとしても、生活を元に戻せば体も元に戻ってしまいます。同様に、トレーニングをやめ、食事や生活習慣も元に戻せば、リバウンドするのは避けられません。

この可逆性の原理を理解すれば、努力して作り上げた体力や体型を維持するためには、トレーニングを継続することが不可欠だと分かります。継続的な努力が理想の体を維持する鍵なのです。

全面性の原則

上半身や腕だけをトレーニングするよりも、全身をバランスよくトレーニングした方が効果的だという原則です。

例えば、腕を太くしたいからといって腕だけをひたすらトレーニングするよりも、大胸筋や背中の筋肉も鍛えることで、結果的により腕が太くなります。また、足を速くしたいからといって足だけを鍛えるのではなく、全身をトレーニングすることで、筋力やバランス、柔軟性が向上し、速さの向上にもつながります。しっかりと上半身もトレーニングすべきだということです。

漸進性の原則

「漸進」という言葉はあまり馴染みがないかもしれませんが、漸進とは「少しずつ進む」という意味で、トレーニングの負荷を少しずつ上げていくという原則です。この原則は、過負荷の原則と合わせて「漸進性過負荷の原則（Progressive Overload）」として説明されることもよくあります。

過負荷の原則に従って負荷は上げていく必要がありますが、それはあくまで「少しずつ」であり、急激に上げることは避けなければなりません。急激に負荷を上げると怪我のリスクが高まります。例えば、ベンチプレスで60kgを10回できたからといって、次に100kgを扱うのではなく、次は62・5kgでトレーニングを続けるというアプローチが重要です。

また、漸進性過負荷の原則を「毎回負荷を上げる」と認識している方もいますが、初心者の段階を超えると「毎回」負荷を上げることは難しくなります。「少しずつ負荷を上げる」というのは、「毎回負荷を上げる」とは異なるという点を理解しておきましょう。

反復性の原則

「継続性の原則」とも呼ばれ、ある程度の反復と継続がなければ効果を得ることはできないというものです。筋肉がすぐに増えるわけではなく、すぐに痩せるわけでもありません。筋肉をつけるためや体型を変えるためには、1ヶ月、3ヶ月、半年、1年といった長期的な継続が必要です。

また、トレーニングを続けていても、「その時の流行りの種目に飛びついて効いた気になり、飽きたらやめる」というのは反復性の原則から外れています。自分の軸を持ち、継続して行うことが重要です。

個別性の原則

性別、年齢、体型、体質、目的などによって、人それぞれに最適なトレーニング方法があるという原則です。例えば、20代で太り気味の男性と、70代の女性が同じトレーニングを行うのは適切ではありません。また、ダイエット目的のトレーニングと、ボディビルダーのような筋肥大を目指すトレーニング、さらにスポーツパフォーマンスの向上を目的としたトレーニングでは、内容が異なります。

意識性の原則

「今、自分は何のためにこのトレーニングを行っているのか」を理解し、意識しながら行うことでトレーニング効果が高まるという原則です。どの部位を鍛えているのか、なぜその重量や回数で行っているのかを理解してトレーニングを行うのと、ただ何となく行うのとでは効果が大きく異なります。特に筋トレでは、対象となる筋肉を意識して動かすことが、トレーニング効果を高めるポイントです。

まとめ

以上が、トレーニングの三原理五原則です。どんな種目を行っていても、トレーニングの頻度や経験にかかわらず、これらの本質的な部分を押さえておけば、使用重量が増え、体も変わっていきます。逆に、これらの原理や原則を無視すると、どんなに努力しても重量は伸びず、体の変化も見られません。トレーニング効果が出にくくなります。

どの原理・原則も重要ですが、筋トレにおいて体を大きくしたり、重量を増やしていくために一番重要なのは、やはり「過負荷の原理」と「漸進性の原則」を合わせた「漸進性過負荷の原則」です。

もし、これまでに三原理五原則を意識してこなかった方がいれば、これからのトレーニングでぜひ意識してみてください。なかなか重量が伸びない、体が変わらないと感じている方は、この機会に自分のトレーニングが三原理五原則から外れていないか見直してみることをお勧めします。

07

「腹筋のトレーニング」は目的別に種目を選ぼう

「腹筋を鍛える」と一口に言っても、その目的にはさまざまな種類があります。一般的に「腹筋トレーニング」と聞くと「クランチ」を思い浮かべる方が多いでしょう。しかし、クランチがあなたの目的に合ったトレーニング方法かどうかを見極めることが重要です。この項では、体幹の安定性向上を目的とした腹筋トレーニングと、筋肥大を目的とした腹筋トレーニングについて紹介します。

体幹トレーニングの必要性 — なぜ必要なのか？

体幹部が弱いと、スクワットやデッドリフトなどで腰痛が起きたり、安定性を欠いてふらついてしまったりすることがあります。腰痛が発生してトレーニングを一時的に休んだとしても、再開後にまた同じ痛みが出てし

筋エクステンションなどのエクササイズは、筋力を高めるのには優れているかもしれませんが、コアの硬さを高めることはほとんどできません。コアの硬さの質を高めるためには、コアを別の方法でトレーニングする必要があります。これは、筋持久力と協調性を高めるためのアイソメトリックエクササイズを使用するというアプローチによってもたらされます。つまり、「体幹の強さ」とは、「背筋腹筋などで関節(背骨)を固める強さ、維持する筋持久力」であって、クランチやバックエクステンションのような「関節(背骨)を動かす力」とは違う力である、ということです。(以下略)

まうことが多いもの。休むこと自体は、根本的な腰痛の解決には繫がりません。体幹部を強化することで、こうした問題を予防することができます。

筋肥大がメインの目的の場合でも体幹トレーニングは重要

ボディビルダーなどが筋肥大を目的としている場合、体幹トレーニングは不要だと思われがちですが、実際には重要です。例えば、スクワット、デッドリフト、バーベルロウなどの背中のトレーニングを行うためには、体幹の強さが非常に重要です。

「スクワットを高重量で行っていれば、体幹トレーニングは必要ないのでは？」と思う方もいるかもしれません。確かに、体の使い方が上手くてスクワットだけで十分な体幹の強さを得られる人もいます。

しかし、腰痛が出る人やふらついてしまう人、また背骨が曲がりやすい人は、スクワットやデッドリフトを安全に行うために、別途体幹トレーニングを行って強化する必要があります。

■Squat UniversityのDr.Squatことアーロン博士の記事より

多くのコアが弱い人がとる2つの一般的なアプローチがあります。

1つ目は(世界中のフィットネスクラブでよく見かける方法です)、クランチ、バックエクステンション、ロシアンツイストなどのダイナミック(動的)な強化エクササイズです。伝統的にコーチや医療従事者は、コアが強くなれば、背骨が緊張して座屈したり折れたりする可能性が低くなるという考えのもと、これらのエクササイズを用いて動きを鍛えてきました。しかし、ここでほとんどの人が理解していないことがあります。腰痛を発症する人の多くは、すでに強い腰を持っているのです！　ロシアンツイストやシットアップ、GHDマシンを使った背

体幹トレーニングのおすすめ種目3選

①プランク

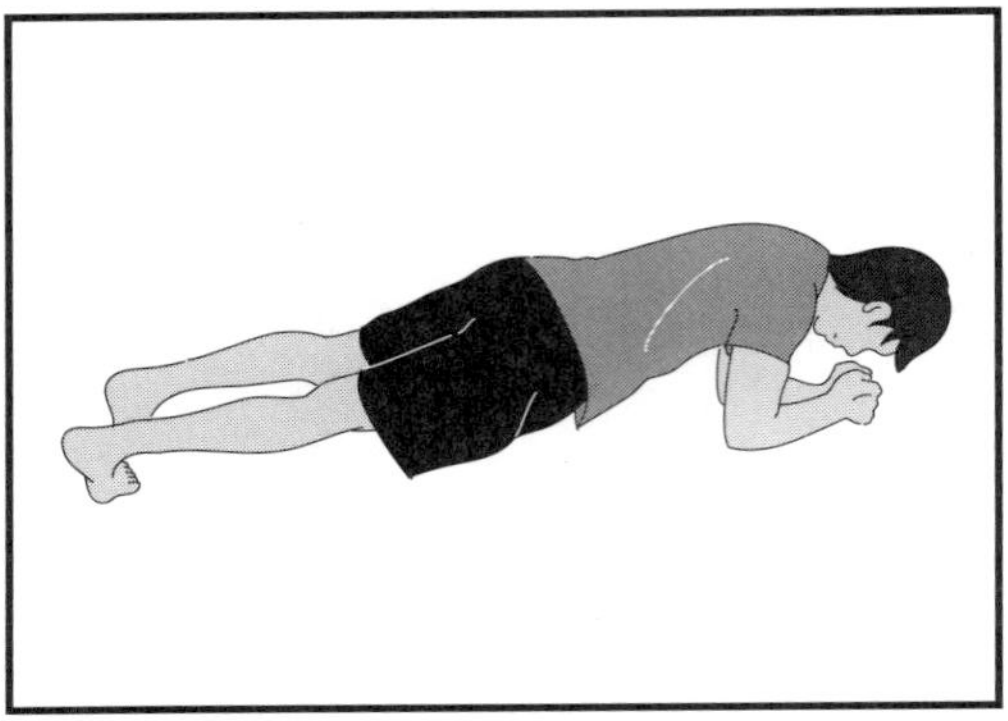

②サイドプランク

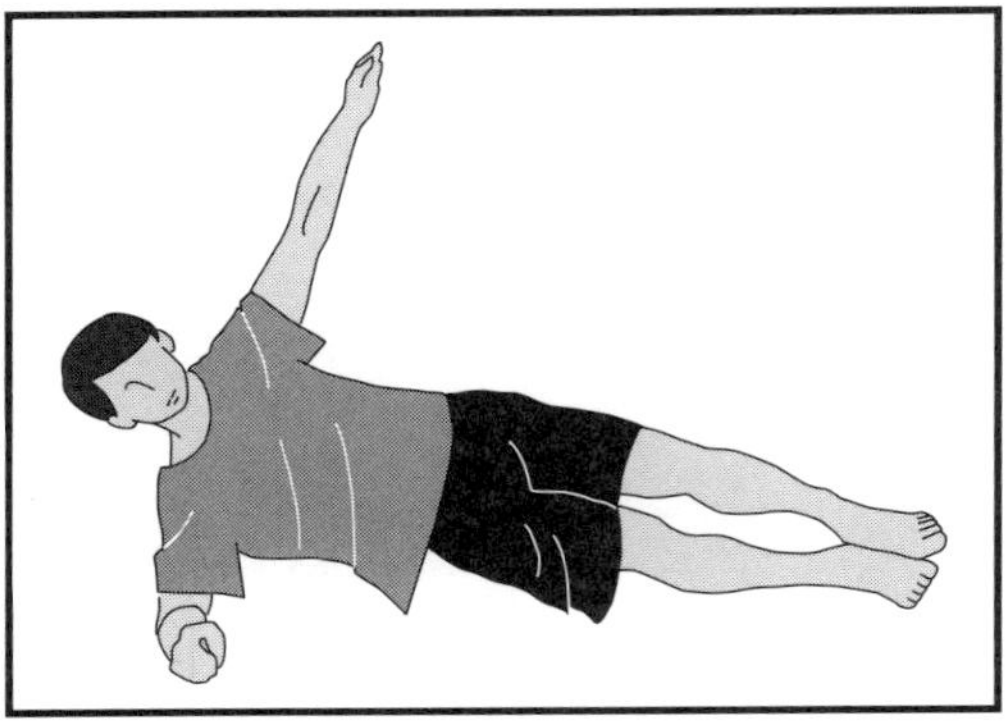

■アイソメトリックエクササイズとは

アイソメトリックエクササイズとは、静止した状態で筋肉に力を入れることで、筋力を鍛えるトレーニング。筋肉を収縮させながらも、関節の角度や筋肉の長さが変わらない状態で行う。プランクポジションでの保持など、特定の筋肉群をターゲットにすることができ、筋力の向上や筋肉の持久力を高める効果がある。関節への負担が少ないことや、特定の筋肉を集中して鍛えられることが特徴。静的なトレーニングなので、筋肥大を目的としたものではない。

③バードドッグ

体幹を鍛えるための種目として、図に示したプランクやバードドッグが挙げられます。

アイソメトリックエクササイズ（関節を動かさずに行う、静的な筋力トレーニング）なので、筋肉の向上や筋肉の持久力を高める効果はあるものの、これらのトレーニングでの筋肥大はあまり期待できません。

■アイソトニックエクササイズとは

アイソトニックエクササイズとは、筋肉が収縮しながらも関節の角度が変化し、筋肉の長さが変わる運動のことを指す。筋肉が一定の負荷に対して動くため、筋力と持久力を同時に鍛えることができ、筋肥大を目的として行われる。また、アイソトニックエクササイズには、主に2つのタイプがある。
1. コンセントリック収縮：筋肉が縮みながら力を発揮する動作。例えば、ダンベルカールで持ち上げる際の動作。2. エキセントリック収縮：筋肉が伸びながら力を発揮する動作。例えば、ダンベルカールで下ろす際の動作。

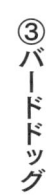

08

「トレーニングが続かない」という悩みを解決しよう

筋トレやダイエットの挫折を防ぐために

筋トレやダイエットを始める際に、「計画が短期的すぎて失敗した」「始めてもなかなか継続できなかった」という経験を持つ方も多いのではないでしょうか。例えば、「夏までに痩せたい」と思い、ギリギリのタイミングでトレーニングを始めたとしても、目標とする体型には間に合いません。理想の体を手に入れるためには、最低でも3ヶ月、できれば6ヶ月前から計画的に準備を始める必要があります。

短期的な意気込みではなく、長期的な継続が鍵

例えば、「もしお菓子を見かけたら(If)、すぐに別の部屋に移動する(then)」というように、具体的な状況と行動を設定する。

このアプローチの利点は、事前に行動を計画することで、衝動的な行動を抑制し、目標に向かって一貫した行動を取ることができる点である。研究によれば、If-thenプランを使用することで、自己制御能力が向上し、目標達成の可能性が高まることが示されている。

「計画的にトレーニングをしなければならないことは分かっているけれど、なかなか続かず、結果が出る前に挫折してしまう」という悩みを持つ方に、私の経験から得たアドバイスをお伝えします。

大切なことは、「目標を高く設定して短期的に頑張る」のではなく、「細く長くでもいいから継続する」ことです。たとえ日々の進捗が小さく見えても、それを積み重ねることで大きな成果に繋がります。

そこで、トレーニングやダイエットを成功させるために、次の3つのコツを取り入れてみてください。

①モチベーションによる意思決定をしない

モチベーションややる気、意思の有無で「ジムに行く・行かない」を決めるのではなく、まず「ジムに行く」という決定事項を作るということ。「ジムに行くかどうか」という選択肢を作らずに、「ジムに行く」という決定事項を作り「行く・行かない」の選択の余地を与えないようにします。

■ウォルター・ミシェルのIf-then実行プラン

ウォルター・ミシェルのIf-then実行プランは、自己制御や目標達成に関する心理学的なアプローチの一つ。このプランは、特定の状況（「If」）に対して、あらかじめ決めた行動（「then」）を実行するという形式で構成されている。

具体的には、個人が目標を達成するために、どのような状況でどのような行動を取るかを明確にすることで、自己制御を強化し、望ましい行動を促進することを目的としている。

人間の意志には波があり、当然ジムに行くやる気がある時とない時があります。「ジムに行く」という行為は、ジムに行くのも面倒な上に、行ってもトレーニングはキツいし、よほど筋トレそのものが好きな人でなければ、継続することは難しいもの。モチベーションに頼っていると、その気持ちを作る行為に疲れてしまうということにもなりかねません。

意思の強さとは関係なく、一種のルーティンワークにしてしまうことが大切です。

目標達成に関する心理学的なアプローチで知られるウォルター・ミシェルのIf-then実行プランでも「意志力を問わない決定をする」と書かれています。「ジムに行く」という行為を実行したいなら「仕事が終わったらジムに行く」「朝起きて食事をしたらジムに行く」とあらかじめ決めておきます。このあらかじめ決めておくことで、「ジムに行く」という行為にやる気や意志を介入させないようにします。

「行ける日に行く」「行きたい日に行く」「やる気がある時に行く」と決めるよりも、意志や選択を介入させずに「決定事項」としてジムに通う方が、

とはいえ、ジムが近くにない場合は、移動時間が過剰にかかってしまうなどの問題もあるのでホームジムは素晴らしい選択となる。24時間ジムに通う場合も「いつでも行けるから行ける時に行こう」ではなく、あらかじめ行く時間を決めておくことが大切。前述のIf-then実行プランでも説明したように「仕事が終わったらジムに直行する」といったように習慣化すること。

継続しやすくなります。例えば、毎回「ジムに行くかどうか」を決断しようとすると、さまざまな要因でその決断が揺らいでしまいます。そのため、「決断をしないこと」が継続の鍵となります。

動画を見たりして、モチベーションや意欲を高めることも時には必要です。しかし、それに頼りすぎると、モチベーションが上がらない時にトレーニングを続けられなくなってしまう可能性があります。

例えば、毎日の入浴や歯磨きについて、「今日はモチベーションがないからやめよう」「やる気があるから歯を磨こう」と考えることはないはずです。これらはすでに習慣化されているため、特にモチベーションややる気、意思決定に左右されない行動となっています。同じように、トレーニングも「習慣化」することが大切です。

もちろん、習慣化するまでの過程は簡単ではありません。しかし、無理な肉体改造計画を立てるよりも、まずはトレーニングを生活の一部として定着させることを目標にしましょう。また、「作業興奮」の効果を活用するのもおすすめです。作業興奮とは、何か行動を始めることで徐々にやる

■24時間ジム、ホームジムの落とし穴

24時間ジムだと「24時間いつでも行ける」と思う方も多くいるはず。実はこれが逆に大きな落とし穴。実際、深夜帯にはジムの利用者はほとんどいない。よほど意思が強い人や、すでにトレーニングが習慣化している人は別として、「いつでも行ける」は「いつでも行けるからいいや」になりがちなのだ。
ホームジムも同様で、「いつでもできる」は前述のIf-thenと全く逆になる。「ご飯食べてからトレーニングしよう」「テレビ見てから…」「スマホ見てから…」が積み重なると「もう遅いから今日はいいや」に繋がるもの。「いつでもできる」はよほど意思が強くない限り実行が難しい。「いつでも筋トレできるようにホームジムを作ろう」は、ジムに通って筋トレを習慣化できてからにすること。

気や集中力が高まる心理的な効果を指します。ジムに行くための第一歩として、着替えをしたり、準備を始めたりするだけでも、自然と気分が高まり行動につなげやすくなります「やる気があるからやる」のではなく「やり始めるとやる気が出る」という効果です。「行きたくなったら行く」と決めて、「行きたくなる自分」を待っているといつまで経ってもジムには行けません。やる気が出なくても「とりあえずジムに行く」という風にシフトしましょう。ジムに行けばトレーニングマシンがありますし、すでにトレーニングしている人がいます。それを見ればモチベーションも上げやすく、「せっかく来たんだからやろう」という気になります。

②無理のない、適切な目標設定を

「筋トレするぞ！」「ダイエットするぞ！」と思い立った時に、次のような目標を立ててしまうことはよくあります。

● 週5回のトレーニング！

作業興奮を利用するためには、「小さな行動を始める」ことが効果的だ。例えば、ジムに行く場合、まずウェアに着替える、シューズを用意するといった簡単な準備をするだけで、やる気が自然と引き出されやすくなる。重要なのは、「完璧にやろう」と意気込むよりも、「とりあえず始める」姿勢を持つことだ。

この心理的な効果をうまく活用することで、トレーニングや他の習慣づくりをよりスムーズに進めることが可能となる。

●1時間筋トレして、その後に1時間の有酸素運動!
●食事はささみとブロッコリーだけ! 間食は絶対にNG!
●3ヶ月で10kg減らす!

しかし、このようにハードルの高い目標を設定すると、継続できずに挫折してしまうことになりがち。そこで、まずは週に1~2回ジムに行くところからスタートすることをおすすめします。ジムに行った際も、いきなり多くの種目をやろうとせず、「とりあえずベンチプレスだけやる」「レッグプレスだけやる」といったように、シンプルな目標を立ててみましょう。

また、食事面でも無理をしすぎず、「間食を減らしてみる」「飲み物をジュースからカロリーゼロのものに変えてみる」など、達成しやすい目標を設定することが大切。最初に立てた目標が達成でき、効果を感じ始めたら、少しずつジムに行く回数を増やしたり、食事の内容をさらに見直したりしていきましょう。一度にすべてを完璧にしようとする必要はありません。1つずつできることを増やしていけば大丈夫です。

無理な目標を立てて挫折してしまうと、それが「失敗体験」として心に

■「作業興奮」とは

「作業興奮」とは、心理学における現象で、ドイツの心理学者クレペリン(Emil Kraepelin)によって提唱された概念。この現象は、何らかの行動を開始することで脳が刺激を受け、やる気や集中力が徐々に高まることを指す。つまり、行動を始めることで身体と心が活性化し、作業に没頭しやすくなるというもの。
具体的には、行動を起こすことで脳内の神経伝達物質である「ドーパミン」が分泌され、それが「報酬系」を刺激する。これにより、次第に気分が高揚し、取り組んでいる作業への意欲が増していく。この現象は、特に「始めるまでに時間がかかる」「取り掛かる気力が湧かない」といった心理的ハードルを感じる際に有効である。

残ってしまいます。一方で、簡単な目標でも達成できれば達成感を得られ、次第に楽しさが増していきます。また、無茶な目標設定や過度なトレーニングは怪我の原因にもなります。怪我をしてしまうとトレーニングに復帰するのが難しくなるため、無理のない範囲から始めることが大切です。

③トレーニングの成果を出して楽しむ

決して楽をするわけではなく、「楽しむ」ことが一番大事だと思います。トレーニングの効果を感じる＝成功体験を得ることが「楽しむ」ことに繋がります。

筋肥大が目的であれば「筋肉が少しついてきた」「ベンチプレスの重量が伸びた」、ダイエットが目的であれば「体脂肪が落ちてきた」「お腹周りがすっきりしてきた」など、最初は使用重量の変化も速いので、そういった変化を楽しんでみてください。

「ベンチプレスの重さにこだわっても意味がない」と言う人もいますが、やは

■トレーニングが続かない人

トレーニングが続かない人は「気分」に左右されすぎていることが多い。モチベーションが高い時は週5、6回、時には毎日トレーニングを行うが、やる気がなくなると全くジムに行かなくなる。また、いきなり「フィジークでてっぺんを獲る」といった無茶な目標を立てがちである。トレーニングを楽しめていない、または短期的な目標に固執しすぎると、成果が出ず、継続できなくなる。

り数字はひとつの指標です。最初はお尻が浮いても、重量を扱えて自分が楽しければOKです（もちろん、怪我をしない範囲で）。

「楽しい」「重量が伸びる」といった成功体験を得た後に、フォームの細かい部分などに気を配るようにすればいいのです。最初から「完璧なフォーム」「完璧なトレーニング」を目指してしまうと、どうしても楽しさを失ってしまいます。まずは「楽しむこと」を最優先に取り組んでください。自己満足で十分です。

自己満足という言葉はネガティブに捉えられがちですが、人生の目的は自己を満足させることですから、それで問題ありません。最初は自己満足でも構わないので、何かしらトレーニングの効果を感じてください。

効果が出て、トレーニングが楽しくなったら、より効果を出すために試行錯誤を始めればいいのです。

フォームを改善したり、より深い知識を得たり……最初から無理に厳しいことをする必要はありません。まずは楽しめる範囲で段階的に進めていきましょう。

■トレーニング歴10年の私が継続できていること

①やらないという選択肢がない（意思を介入させない、選択しない）
②現実的な目標設定をする
③自分の成長を楽しむ
今回の記事で説明した3つのポイントの通りとなる。より「選択の機会」を省くためには、既製品のプログラムを行うのもおすすめ。メニューの組み方がよく分からない人は、ぜひ180ページから紹介するプログラムを試してほしい。

09

初心者は基本的な種目を扱う方が成長が速い

①コンパウンド種目の重量を伸ばそう

ベンチプレスや懸垂、スクワットなど、複数の関節を動かして行う種目をコンパウンド種目と言います。ダンベルカールやトライセプスエクステンションなど、二頭筋・三頭筋だけを鍛える単関節種目はアイソレーション種目です。初心者はアイソレーション種目よりもコンパウンド種目を優先して行いましょう。

また、ＢＩＧ３と呼ばれる種目は多くの筋肉を動員できるため、初心者はバーベルでフリーウエイトトレーニングを行うことをおすすめします。マシンで筋肉を個別に鍛えるにはかなりの時間がかかります。中上級者は時間をかけても問題ありませんが、初心者にとってはトレーニングが面倒

■BIG3と呼ばれるコンパウンド種目で鍛えられる筋肉

●スクワット　大腿四頭筋、ハムストリングス、大臀筋、中臀筋、内転筋
●ベンチプレス　大胸筋、上腕二頭筋、上腕三頭筋、三角筋
●デッドリフト　脊柱起立筋、広背筋、大腿四頭筋、ハムストリングス、大臀筋

BIG3と呼ばれる種目では多くの筋肉を動員できる。これらの筋肉をマシンで個別に鍛えようとするとかなりの時間がかかる。初心者のうちはできればフリーウエイトトレーニングを行う。

になる要因となることがあります（バーベル以外の種目を行う場合でも、できるだけコンパウンド種目を取り入れましょう）。

「筋肥大に重さは関係ない」と言う方もいますが、それは中級者以上の話です。初心者は基本的な重量を扱える方が成長が速いというのがセオリーです。

②シンプルなトレーニングを行い、分割は大きく・種目を絞る

数々のエビデンスにより、初心者は週に2～3回同じ部位をトレーニングした方が効果的とされています。上級者は細かい分割法が効果的とされていますが、初心者は全身トレーニングや上半身・下半身で大きく分割する方が効果的です。6分割で週1回各部位をトレーニングするよりも、各部位を2～3回トレーニングするよう調整しましょう。また、あまり種目数を増やすと、トレーニングボリュームが増えすぎてオーバーワークや怪我の原因になるのでなるべくシンプルにトレーニングしましょう。

■コンパウンド種目とは

コンパウンド種目とは、複数の関節と筋肉を同時に動かすトレーニング種目のこと。これに対して、アイソレーション種目は特定の筋肉や関節のみをターゲットにした運動である。

コンパウンド種目は、大きな筋肉群を多く動員し、複数の筋肉を協力させるため、効率的に筋力向上や筋肥大を目指すことができる。また、日常生活の動作に近い運動が多いため、実用的な力を養うのにも役立つトレーニングだが、適切なフォームとテクニックが非常に重要となる。

初心者は、種目数を減らして【基本的な種目のフォームを固め、扱える重さを増やす】ことを最重要視します。あれこれ種目に手を出すと、フォームが習得できず、遠回りになってしまいます。前述の「コンパウンド種目の重量を伸ばす」を踏まえ、まずは「ベンチプレスのフォームを習得し、重量アップを目指す」といった目標を立ててトレーニングに取り組みましょう。

③サプリメントは、あくまで補助

トレーニング用のサプリメントは、筋力向上や筋肥大、回復の促進など、トレーニングの効果をサポートするために利用されます。サプリメントは「食品」に分類され、薬のような即効性や治療効果は期待できませんが、適切に使用することでトレーニングの成果を最大化する手助けとなります。
以下は代表的なトレーニング用サプリメントです。

●デメリット
栄養の偏り: 特定成分に特化しているため、他の栄養素が不足する可能性がある。
自然由来ではない場合がある: 人工的に合成された成分が含まれることがあり、一部の人はアレルギーや消化の問題を引き起こす場合も。
過剰摂取のリスク: 特に脂溶性ビタミンや鉄分などは過剰摂取に注意が必要。

1．プロテイン

プロテインは筋肉の修復と成長に不可欠な栄養素であり、筋トレ後に摂取することで筋肉の回復を助け、筋肥大を促進します。主に以下の種類があります。

ホエイプロテイン：吸収が速く、トレーニング後のリカバリーに最適。

カゼインプロテイン：吸収が遅いため、長時間のアミノ酸供給が必要な場合に適している。

ソイプロテイン：植物由来で、消化が緩やかであるため、長時間にわたって体にアミノ酸を供給。

2．クレアチン

クレアチンは筋肉内のエネルギー源（ＡＴＰ）の再合成を助け、筋力の向上や短時間の高強度トレーニング（例：重量挙げ、スプリント）でのパフォーマンスを向上させます。筋肉内の水分量も増加させるため、筋肉が大きく見える効果もあります。特に無酸素運動のパフォーマンス向上に効果的です。

■サプリメントの活用

●メリット

特定の栄養素を効率的に摂取: 必要な成分を短時間で高濃度摂取可能（例: たんぱく質不足を補うためのプロテイン）。

携帯性: 小さなカプセルや粉末状なので、外出先でも簡単に摂取できる。

カロリーが抑えられている: 不要な脂質や糖質が少ないため、減量中にも適している。

摂取量が明確: パッケージに記載されている成分量が分かりやすく、調整がしやすい。

3. BCAA（分岐鎖アミノ酸）

ＢＣＡＡはバリン、ロイシン、イソロイシンの3種類のアミノ酸から成り、筋肉の分解を防ぎ、筋肉の回復を促進します。特にトレーニング中やトレーニング後に摂取することで、筋肉の修復が早まり、疲労感が軽減されます。

4. EAA（必須アミノ酸）

ＥＡＡはＢＣＡＡを含む9種類の必須アミノ酸をすべて含んでおり、筋肉の合成を促進します。ＢＣＡＡよりも広範囲で筋肉の成長をサポートするため、特に筋肉を増やしたい人に有用です。

5. グルタミン

グルタミンは筋肉の回復を助け、免疫機能をサポートするアミノ酸の一種です。激しいトレーニングによる筋肉の損傷を修復するために役立ち、免疫系の強化にも貢献します。トレーニング後の回復を早めるために役立ちます。

6. カフェイン

●食材が適している場合
長期的な健康管理: 全体的な栄養バランスを重視する場合。
自然食品を好む場合: 人工添加物を避けたい人。
食事として楽しみたい時: 味や食感を楽しむ食事の時間を大切にする場合。

カフェインは筋トレ前に摂取することで、集中力を高め、エネルギーを増加させ、疲労感を減少させます。また、脂肪燃焼を助ける効果もあり、減量中のトレーニングにも有効です。

7．プレワークアウトサプリ

プレワークアウトサプリは、トレーニング前に摂取することで、エネルギーや集中力を高めることを目的としています。通常、カフェインやクレアチン、アルギニン、ＢＣＡＡなどが含まれており、トレーニング中のパフォーマンスを最大化します。

8．アルギニン

アルギニンは、血流を改善するために重要なアミノ酸で、筋肉に栄養素や酸素を効率的に供給する助けになります。これにより、トレーニング中のパフォーマンスが向上し、筋肉の成長を促進します。

9．ZMA（亜鉛、マグネシウム、ビタミンB6）

ＺＭＡは、亜鉛、マグネシウム、ビタミンＢ６が含まれたサプリメントで、筋肉の回復やテストステロンの分泌をサポートします。特にトレーニ

■サプリメントと食材の使い分け

●サプリメントが適している場合

不足を補う目的: 忙しい日常や偏った食事で特定の栄養素が不足しがちな場合。

短期間で効果を求める: 筋トレ直後のたんぱく質補給や、運動前後のクレアチン摂取。

ダイエットや制限食: カロリーや糖質を抑えながら、必要な栄養を摂りたい時。

ング後のリカバリーや睡眠の質の向上に効果があります。

④サプリメントを使う際の注意点

サプリメントは補助的な役割：サプリメントは食事から得る栄養の補助として使用するものであり、食事をおろそかにしてサプリばかりに頼ることは避けるべきです。

過剰摂取に注意：サプリメントの過剰摂取は健康に悪影響を与える可能性があります。使用方法や摂取量を守ることが重要です。

個人差がある：サプリメントの効果は個人によって異なるため、自分に合ったものを見つけることが大切です。

サプリメントは正しく使用することで、トレーニングの効果を高め、目標達成をサポートしてくれるアイテムですが、基本的な食事、睡眠、トレーニングの質を最優先に考えることが重要です。

⑤トレーニングを継続する

トレーニングの効果を得るために、週に6~7回、何時間もトレーニングしなければならないわけではありません。「週に1回でも、2回でもいいので継続すること」これが大切です。

今はインターネットの記事やSNS、YouTubeで多くの情報を手に入れることができますが、逆にどれを選ぶべきか分からなくなることもあります。あれこれ一気にやろうとすると疲れてしまい、継続が難しくなります。まずは今回紹介した4つのポイントを押さえて、トレーニングを始めてみましょう。

10 重量が停滞しているときは栄養や睡眠は適切か確認する

①毎回限界まで行わない、1RMのMAX重量を扱わないこと

これは、重量を伸ばしていく上であまりいい方法とは言えません。毎回限界まで行ったり、MAX重量を持つことは神経系の疲労を招き、怪我のリスクを高めます。怪我をするとトレーニングができなくなり、結果的に「使用重量の増加」から離れてしまいます。

初心者から初中級者になると、1週間単位でのMAX更新はほぼ難しくなります。計画的にトレーニングを行い、1～2ヶ月スパンでの重量更新を目指しましょう。

パワーリフティング競技に出場しない限り、1RMのMAXではなく、

■参考動画（YouTube）

「神経系の疲労とは？」– 疲労するのは筋肉だけではない【筋トレ】
停滞打破！伸び悩んだら「MAX挑戦」をやめてみよう【筋トレ】

3〜5RMの1RM換算での更新を目指しましょう。

ただし、1RMの更新は嬉しいものであるため、チャレンジする際は潰れない重量選択を心掛けることが大切です。

基本的には、1RMの重量はRM換算やRPE換算での判断が重要です。例えば、1ヶ月前に100kg5回がRPE8だったものが、今日はRPE7で上がった場合など。個人差があるため、目安として考えましょう。

②トレーニングボリュームは適切か?

週あたりのトレーニングボリュームが大きすぎても小さすぎても、効果は出にくくなります。初心者のうちは10回3セットでも成長しますが、トレーニング歴が長くなるとそれだけでは伸びにくくなります。その場合、サイクルトレーニングやピリオダイゼーションプログラムを取り入れてみることをおすすめします。

■参考動画(YouTube)

トレーニングメニューの考え方ーフィットネスー疲労理論【筋トレ】
追い込まない方が筋肥大する?「ボリューム」という考え方【筋トレ】

③食事による栄養は適切か？

カロリーやPFCの厳密な管理は不要ですが、必要な炭水化物やたんぱく質を十分に摂取していないと、重量の伸びや体の変化が出にくくなります。

炭水化物

国際オリンピック委員会（IOC）によると、1日1時間程度のトレーニングをする場合、炭水化物は体重×5g程度が目安です。

たんぱく質

維持期や増量中であれば2・2g×LBM（除脂肪体重）、減量初期は2・5g×LBM、減量中期から末期にかけては3・1g×LBMが目安になります。

1回あたりの摂取量については、体重×0・4〜0・55gが適切とされています。

2. マクロ栄養素の推奨
たんぱく質推奨摂取量: 1.4〜2.0g/体重1kg/日
炭水化物推奨摂取量: 3〜10g/体重1kg/日(運動強度による)
脂質推奨摂取量: 総エネルギー摂取の20〜35%
目的: ホルモンバランスを維持し、エネルギー供給源としても利用。

例えば、体重70kgで1日140gを目標にするなら、1回の食事で約35gのたんぱく質を摂取するのが理想とされています。

Alan Aragonの2018年のレビューでも

筋肉をつけたいのなら、1食当たり0・4g／kgのたんぱく質を摂取する。1日に摂取するたんぱく質量が多いならば、1食当たり0・55g／kgのたんぱく質を摂ること

とありますので、体重70kgの人が1日のたんぱく質摂取量を体重の2倍＝140gを目標にしている場合は、1度の食事で体重kg×0・5g‥70kg×0・5g＝35g／食を摂取するのがよいということになります。

④クレアチンは摂取しているか？

クレアチンは、筋肥大や筋力向上に効果がある数少ないサプリメントです。メタアナリシスによると、クレアチンの摂取でベンチプレスのパフォーマンスが向上する可能性もあるとされています。例えば、ベンチ

■国際スポーツ栄養学会（ISSN）のガイドライン

スポーツ栄養とサプリメントの利用に関する科学的な推奨事項を提供するもの。このガイドラインは、アスリートやフィットネス愛好者が栄養を通じてパフォーマンスを最大化し、健康を維持するための指針となる。
1. 総エネルギー摂取: アスリートは、運動の強度・頻度・種類に応じたエネルギー摂取を行う必要があるとしている。エネルギー不足のリスク: エネルギー不足はパフォーマンスの低下、免疫機能の低下、回復の遅延を引き起こすとも。

プレスＭＡＸが95kgで停滞している場合、クレアチンを摂取することで１００kgに達する可能性があります。

すでに摂取している方も多いと思いますが、まだ試していない方にはぜひおすすめです。トレーニングの成果をさらに高めるサポートとして活用してみてください。

⑤睡眠は取れているか？

理想は1日8時間の睡眠ですが、難しい場合は「睡眠の質」を高めることを意識しましょう。睡眠時間を確保できる人は、まずしっかり眠ることが大切です。

就寝前のプロテイン摂取は筋肥大に効果的とされていますが、これで睡眠が浅くなると感じる場合は無理に摂らず、夕食でたんぱく質を多めに摂るなどで補いましょう。自身に合った方法で、トレーニングと睡眠を両立

■「睡眠の質」を高める方法

- 就寝1時間前に40度程度の湯船に10〜20分浸かる
  →シャワーで済ませている方は湯船に浸かることをおすすめします
- 寝る前にTVやPC、スマホを見ない
- アイマスクや遮光カーテンで外部からの光を遮断する
- 耳栓をする

させてください。

停滞に対して「増量」は効果的か？

短期間で5kg以上増量して使用重量が増えても、その大半が脂肪である可能性が高く、減量すれば元に戻りがちです。理想は「筋肉の増加によって使用重量が増え、その結果体重が増える」ことです。

停滞を打破するために安易に大幅な増量を行うのは避けましょう。炭水化物やたんぱく質の摂取量を少し増やし、1～2kg程度の体重増加に抑えるか、2～3ヶ月単位で計画的に増量を進めることが大切です。

■睡眠不足だと

・グレリンが多くなる→空腹感が強くなる

・トレーニングパフォーマンスが落ちる(トレーニングボリュームの低下)

・コルチゾール、グルコース、インスリンが増加、テストステロン、成長ホルモンが減少

11 筋肥大のためには有酸素運動は中強度で行う

有酸素運動は減量に効果的

減量には有酸素運動が効果的で、特にコンテストを目指す場合には必須。しかし、筋肥大や筋力向上を目指す場合、無計画な有酸素運動は逆効果になることもあります。

現実的な解決方法

1. 高強度で行わず、心拍数を上げすぎない。
2. 過剰に行わず、筋肥大効果への影響を最小限に。
3. 有酸素運動と筋トレの間に時間を空ける。（例：朝有酸素、夜筋トレ）
4. 筋トレと有酸素運動を別の日に分けて行う。

■有酸素運動（エアロビックエクササイズ）とは

酸素をエネルギー源として長時間継続的に行う運動と定義される。ウォーキングやジョギング、サイクリング、スイミングなどが代表的な例。

有酸素運動は、主に心肺機能の向上や脂肪燃焼に効果的で、エネルギー供給には主に脂肪や炭水化物が利用される。

コンカレントトレーニング

コンカレントトレーニングとは、有酸素運動とレジスタンストレーニングを組み合わせたトレーニング方法。体脂肪の減少やスポーツパフォーマンス向上が目的で行われます。

「有酸素運動が筋肥大効果に悪影響を与えない」とする意見もありますが、過度に組み合わせると筋肥大や筋力向上への影響は避けられません。バランスを考えたプログラム設計が重要です。

コンカレントトレーニングの悪影響

有酸素運動とレジスタンストレーニングを組み合わせたコンカレントトレーニングには注意が必要です。主な悪影響は以下の通りです。

同化シグナルの妨害：レジスタンストレーニングによる筋肉の成長信号が、有酸素運動によって抑制される可能性。

疲労や基質の枯渇：有酸素運動で疲労が蓄積し、エネルギー源が枯渇する

■有酸素運動の特徴

エネルギー供給：酸素を利用して脂肪やグリコーゲンを分解し、エネルギーを作り出す。
運動の強度：適度な強度(心拍数が最大心拍数の50〜70%程度)が基本。
運動時間：20分以上継続して行うことで脂肪燃焼効果が高まるとされている。
健康効果：心肺機能の強化。血圧や血糖値のコントロール。メンタルヘルスの改善。

ことで、筋トレの質が低下。

オーバートレーニングのリスク：頻度や負荷が高すぎると、異化作用のホルモンが増加し、グリコーゲンが不足するなどで筋力向上が阻害される。

有酸素運動が筋肥大に与える影響と対策

有酸素運動は、筋肥大に以上のような悪影響を及ぼす可能性があります。これらを最小限に抑えるためには、次の4つを適切に調整することが重要です。

有酸素運動を行う上で考えるべき4つのポイント

1．強度

中強度（心拍数120程度）を目安に行いましょう。

高強度の運動（例：スプリントインターバルトレーニング）は、筋肥大に重要な同化シグナルを抑制する可能性が高いとされています。

減量目的の場合、心拍数が高すぎると脂肪の利用効率が下がるため注意

■有酸素運動の組み方（私のおすすめの）

Day1　上半身部位＋有酸素運動
Day2　脚の日
Day3　上半身部位
Day4　有酸素運動
Day5　脚の日
Day6　上半身部位
Day7　有酸素運動

が必要です。

2. 量と頻度

有酸素運動量が多いほど筋肥大効果に悪影響を及ぼす可能性があるため、適量に留めることが重要です。

頻度については大きな影響はないものの、疲労感を考慮しつつ実施しましょう。

3. タイミング

筋トレと有酸素運動の間に十分な時間を空けるのが理想です。

朝に有酸素運動、夜に筋トレ、または別日に分けて行うのがおすすめです。

4. 下半身トレーニングとの兼ね合い

有酸素運動は主に下半身を使用するため、下半身の筋トレと近いタイミングで行うと筋肥大が阻害されやすくなります。

下半身トレーニングの日やその翌日は、有酸素運動を控えるようにしましょう。

■この項のまとめ

・高強度で行わない（心拍数を上げすぎない）
・やりすぎると筋肥大効果が減ってしまうので注意
・なるべく時間を空ける（朝有酸素運動をして、夜レジスタンストレーニング）
・筋トレと有酸素運動を別の日に行う
このような点に注意して行えば、有酸素運動の悪影響を最少にできる可能性が高くなる。

12 現代の主流となったフィットネス理論とは？

ピリオダイゼーションで行う効果的な筋トレ

筋肉を大きくするためには、

「セット数は少ない方(週に各部位2〜3セット)がいい」

「セット数は多い方がいい」

「強度が高い方がいい（＝毎回追い込む)」ｅｔｃ．

などさまざまな見解がありますが、「高ボリュームで行う期間」「高強度で行う期間」どちらも使い分けるのが、今主流となっている筋トレ「ピリオダイゼーション」です。

「高強度低ボリューム」と「低強度高ボリューム」を期分けして交互に行うのがピリオダイゼーションということになりますが、これを理解するに

構成：ピリオダイゼーションは、以下のような期間ごとの区分で計画される。
マクロサイクル：長期的な期間(数ヶ月から1年)。
メゾサイクル：中期的な期間(数週間〜数ヶ月)。筋肥大などに効果。
ミクロサイクル：短期的な期間(1週間程度)。

は、まずトレーニングの強度とボリュームについて正しく認識する必要があります。

トレーニングの刺激の大きさには、2種類の指標があります。

一つは、トレーニング強度です。これは1RMのMAX重量に対してどれくらいのパーセンテージで行うか、またどれくらい限界まで追い込むかを示します。もう一つは、トレーニングボリュームです。これは、レップ数×重量の総和を指します。

トレーニングの刺激の指標は、高強度低ボリュームと低強度高ボリュームの2種類に分けることができます（その中間もありますが、ここでは分かりやすくこの2種類にします）。

「高強度低ボリューム」は、週に1回1セットにすべてをかけて全力を出して追い込むような高強度トレーニングです。一方、「低強度高ボリューム」は、1セットで出し切りはしないものの、セット数や頻度を多くするようなハイボリュームトレーニングです。

■ピリオダイゼーションとは？

トレーニング計画を体系的に組み立て、目的や期間に応じて負荷や内容を段階的に変化させる方法。主に競技者のパフォーマンスを向上させたり、トレーニング効果を最大化するために用いられる。パフォーマンスの向上や過度な疲労、怪我のリスクを減らす、停滞（プラトー）の回避などに効果がある。

この2つのいずれかを選択する形になります。強度が高い場合はボリュームを控えめにし、強度が低い場合はボリュームを多めにするというのがセオリーです。高強度・高ボリュームのトレーニングは、オーバーワークになりやすい危険があります。オーバーワークにより、筋肉の成長が妨げられるだけでなく、怪我のリスクも高まります。

前述の「高強度低ボリューム」と「低強度高ボリューム」を期間ごとに分けて交互に行うのがピリオダイゼーションです。

よく「トレーニングは何回、何セットやればいいのか？」という質問がありますが、初心者の場合は10回3セットを週に2〜3回行うのが適しています。しかし、トレーニング歴が長くなると停滞が起こりやすくなるため、与える刺激を期間ごとに分けたトレーニングが必要になってきます。

次に、ピリオダイゼーションを正しく理解していただくために、超回復理論とフィットネス疲労理論の説明をします。

超回復という現象は、筋肥大を目指すトレーニングの根底にあるものなので、意識しない人はいないと思います。

■超回復理論とは？

トレーニングにより筋肉が傷ついて(あるいは疲労し)回復し以前より強くなる現象

- トレーニング前より疲労(Depletion)によりパフォーマンスが一時的に落ちる
- 時間を置くことによってトレーニング前のパフォーマンスに戻る(Restitution)
- トレーニング前の状態を超える(超回復Supercompensation)
- 期間が空きすぎるとトレーニング前の状態に戻る(もしくは低下する)

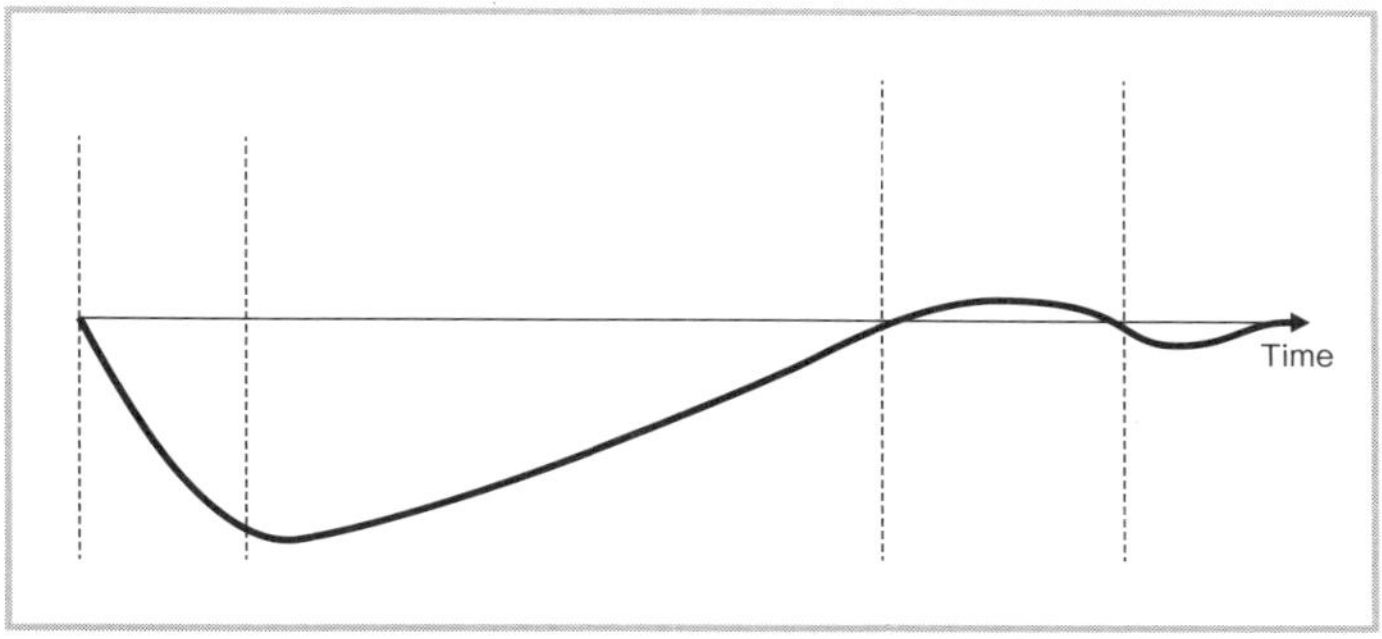

トレーニングで一旦低下したパフォーマンスが休息後に超回復

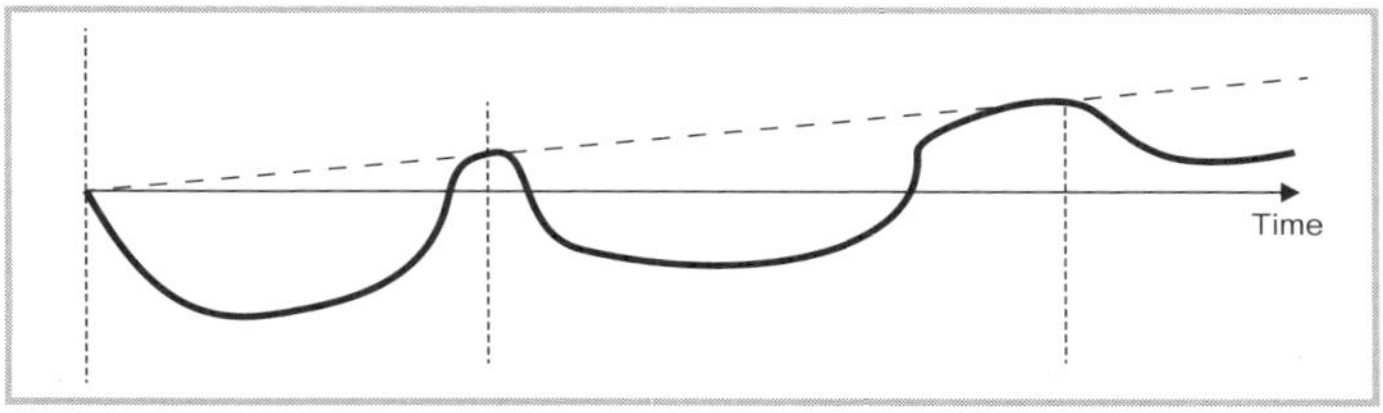

超回復の期間に次のトレーニングを行うことでパフォーマンスは伸び続ける

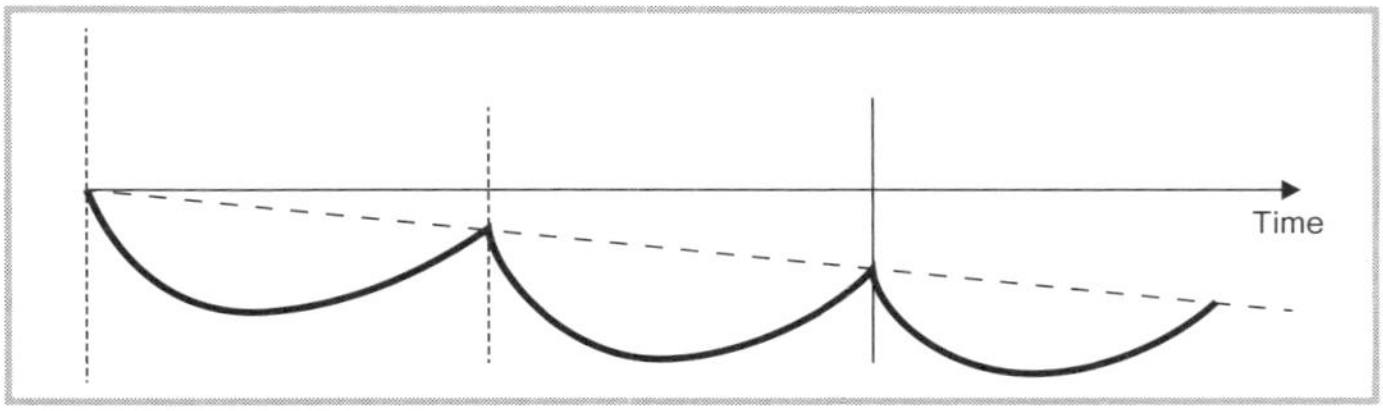

超回復しない状況でさらにトレーニングを行うとパフォーマンスは低下する

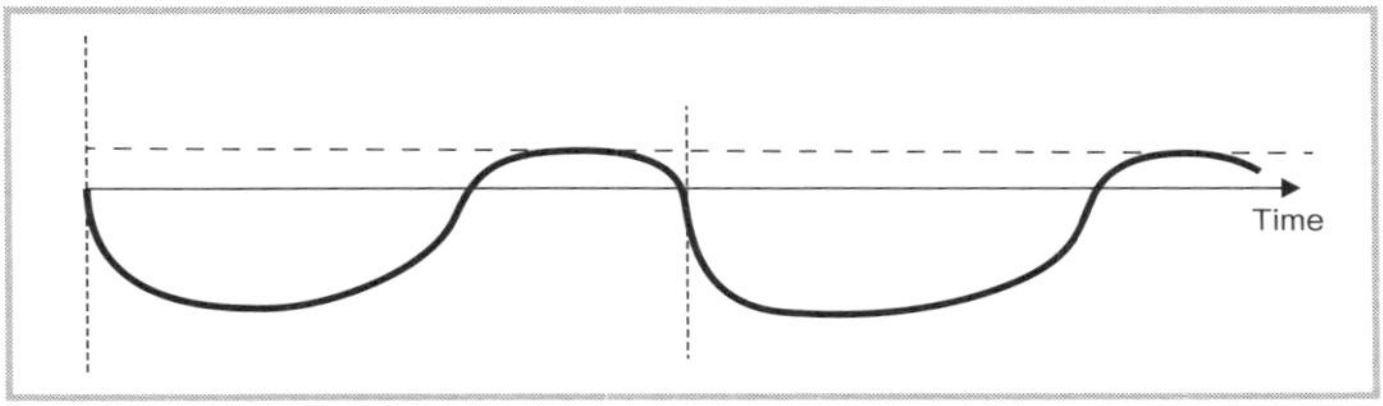

トレーニングの間隔が長過ぎたり、疲労が少ないとパフォーマンスは向上しない

超回復理論は非常に単純な理論で、一昔前のボディビルディングやパワーリフティングの理論は、基本的にこの考え方に基づいていました。低ボリューム・高強度トレーニングは、この理論を基に行われます。

ただし、この考え方は単純すぎて、実際のトレーニングにおける体の変化を適切に説明することができません。トレーニング初心者の頃には、この単純な考え方で問題ない場合もありますが、実際の体の反応はこんなに単純ではありません。

超回復理論によれば、毎日のようにトレーニングを行う体操選手やウェイトリフターは、疲労が溜まり筋肉が減り続けるはずですが、実際には筋肉は大きくなっていきます。

また、超回復理論では「停滞」という概念はほとんど存在せず、〝トレーニングして休息をとれば前回より強くなる〟という理論通りであれば、延々と強くなり続けることになり、誰でもベンチプレス200kgを超えることが可能になるはずですが、現実にはそういった人はそう多くはありません。

停滞の主な原因

1.適応：筋肉はトレーニングに適応するため、最初は急速に成長するが、一定の刺激に慣れてしまうと成長が鈍化する。

2.回復不足：筋肉が成長するのは、トレーニング後の休息と栄養摂取による回復の期間。回復が不十分だと、筋肉が適切に修復されず、成長が停滞する。

3.栄養不足：筋肉を成長させるために必要な栄養素が足りていない。

4.過度なトレーニング（オーバートレーニング）：トレーニングをやり過ぎると、筋肉が休養する時間が足りなくなり、逆に筋肉が減少してしまうこともある。これがオーバートレーニング症候群で、筋肉の回復が追いつかず、停滞を引き起こす。

トレーニングを始めたばかりの時は、筋力が急速に向上しますが、トレーニングを1年、2年と続けていくうちに、遺伝的限界値に近づくと、その伸びが徐々に緩やかになります。遺伝的限界値は個人差が大きく、例えば、10回3セットのようなシンプルなトレーニングでベンチプレス140kgを1年以内に簡単に達成する人もいれば、100kgを超えるのに1年以上かかる人もいます。

遺伝的限界値は個人差があるため、限界に近づいている、または初心者の頃よりも高重量を扱っているのに、超回復理論の考え方で毎回限界までトレーニングを行うと、停滞や怪我の原因になります。

体重を短期間で増やすことで一時的に進展することはあるかもしれませんが、トレーニング歴が長いのに無茶な増量で一時的に使用重量が上がっても、減量すれば元に戻ってしまう経験がある人は多いでしょう。

こうなってくると、2ヶ月で2・5〜5kgの重量を増やすといった長期的な計画が必要となり、トレーニングが複雑になってきます。超回復理論では、「トレーニング前とトレーニング後」という短期的な視点でトレー

■筋トレにおける「停滞」とは

「停滞」とは、一定期間にわたって筋力や筋肉の成長が見られない状態を指す。つまり、トレーニングを続けているにもかかわらず、筋肉の発達や使用重量の増加が停滞してしまうこと。この停滞は、さまざまな要因によって引き起こされる。

ニングプログラムを見ることになり、長期的な視点での計画が難しくなります。

超回復理論はあまりにも単純すぎて現実には即していないため、新たに生まれた理論が「フィットネス疲労理論」です。

フィットネス疲労理論とは?

超回復理論のパフォーマンスと疲労の2つの要素に加え、「フィットネス」という要素が追加されます。簡単に言うと、フィットネスは地力とでも言えるでしょうか。フィットネス疲労理論は詳しく説明すると複雑になりますが、今回は簡単に説明します。

例えば、ベンチプレスで100kgを10回3セット行い、3セット目でほぼ力を使い果たした場合、当日から翌日には疲労が溜まり、パフォーマンスが一時的に落ちることがあります。**しかし、それは疲労によってパフォーマンスが落ちているだけで実際にはトレーニング前よりフィットネ**

■フィットネス疲労理論で疲労とパフォーマンスの関係を定義

フィットネス疲労理論とは、筋トレやスポーツトレーニングにおける疲労とパフォーマンスの関係を説明する理論で、トレーニングによる一時的な疲労と、その後のパフォーマンス向上のメカニズムを扱う。この理論は、トレーニング後の疲労が一時的にパフォーマンスを低下させるが、適切な回復とトレーニングの計画を行うことで、最終的にはパフォーマンスが向上するという概念に基づいている。単なる疲労回復にとどまらず、計画的にパフォーマンス向上を図るための重要な考え方である。

ス（地力）が少しあがっているはずです。

したがって、一時的にパフォーマンスが落ちていても、フィットネス（地力）が向上しているので、疲労が溜まってパフォーマンスが低下した状態でトレーニングを続け、計画的に疲労を溜めて過負荷を与える（オーバーリーチングと呼ばれます）ことで体に刺激を与え、フィットネスを向上させることができます。そして、プログラム後半では疲労を徐々に抜きつつ、パフォーマンスを向上させる（いわゆるピーキング、テーパリング）という手法も取れるわけです。超回復理論だと、次のトレーニングの時にパフォーマンスが落ちている場合は回復しきれていないということなので、

①トレーニングの負荷を下げる

②休息を長くとる

このどちらかの選択肢しかないわけです。もしくは「一気に追い込んで一気に休んでピークを持ってくる」のような無茶苦茶な方法になってしまいます。

■フィットネス疲労理論の応用

フィットネス疲労理論は、トレーニングの計画において重要な指針であるが、疲労と回復のサイクルを意識したトレーニングプログラムを作成することが不可欠である。過度な疲労を避けるため、オーバートレーニングを防ぐ一方で、適度にオーバーリーチングを行うことで、次のステップへ進むための新たな刺激を与える。また、スポーツ競技においては、ピーキングとテーパリングをうまく活用することで、パフォーマンスを最適化することができる。

疲労はすぐに抜けますが、フィットネス（地力）は少しずつしか変化しないという特性があるため、一気に追い込んでもフィットネスは大きく向上せず、ピーキングの効果は薄くなります。

超回復理論では、短期的な計画（1週間の中で休みの日を増やす、トレーニングボリュームや強度を増減する）でしかプログラムをとらえることができませんが、フィットネス疲労理論ではあえてオーバーリーチング（オーバーワークのような状態）を作り、フィットネスの向上期間―キャパシティを広げる期間を作り、少しずつ疲労を抜きつつ強度を上げていくことでパフォーマンスを上げるという長期的な戦略を取りやすくなります（EVERLIFTの中～上級者プログラムはこの考えで作っています）。

後半の筋力ブロックでは、重量と強度を上げて（限界近くまでトレーニングする）、セット数やレップ数を減らして疲労を抜き、パフォーマンスを上げます。パフォーマンスが上がり筋力が伸びることで、漸進的な過負荷をかけやすくなります。

フィットネス疲労理論でトレーニング計画を立てることによって、停滞

2.短期的な疲労蓄積
オーバーリーチングは短期間（数日から1週間程度）で行い、その後は十分な休養と回復を取ることで、パフォーマンスの回復とフィットネスの向上を目指す。
3.回復と超回復の促進
適切な回復期間を設けることで、蓄積した疲労を取り除き、筋肉や体力が元の状態を超えて向上する。この過程を「超回復」と呼び、オーバーリーチングを行うことで、より高いパフォーマンスを発揮できるようになる。

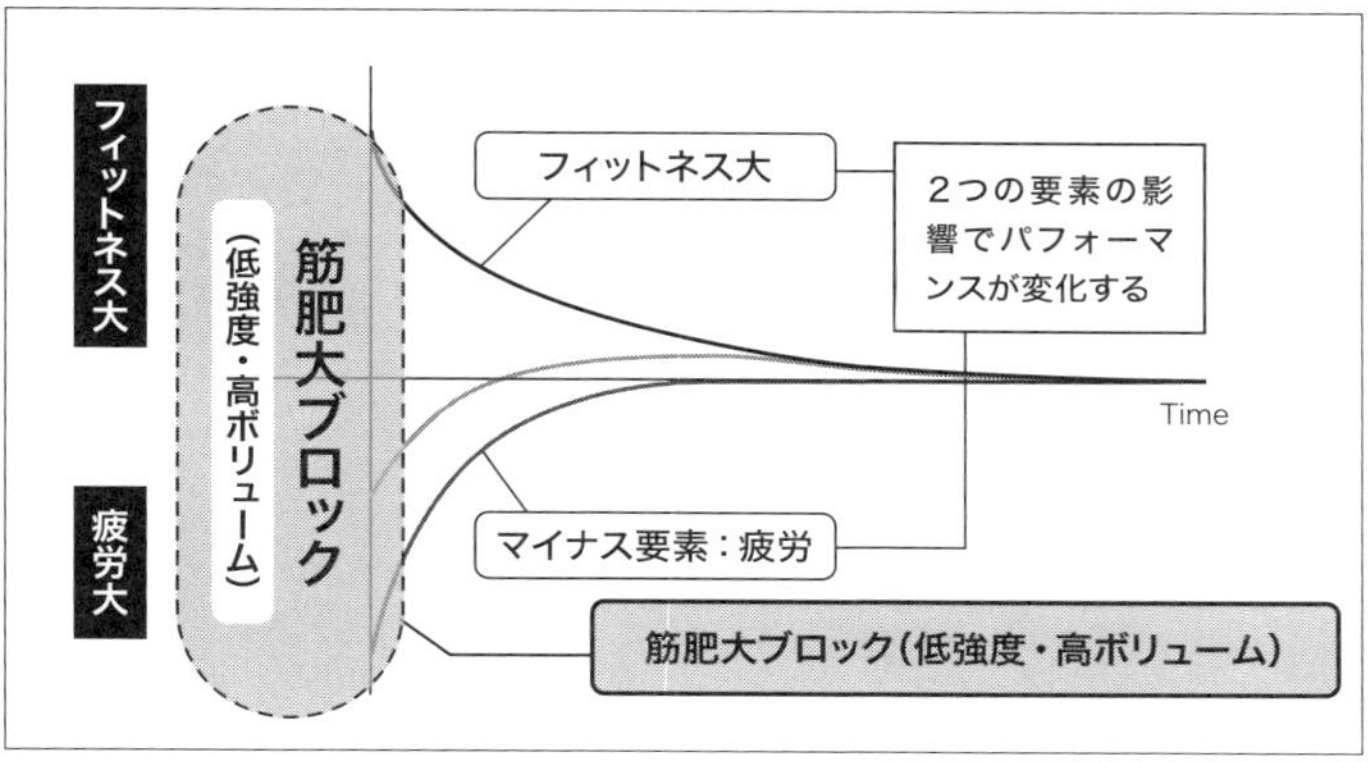

■低強度・高ボリュームのブロック

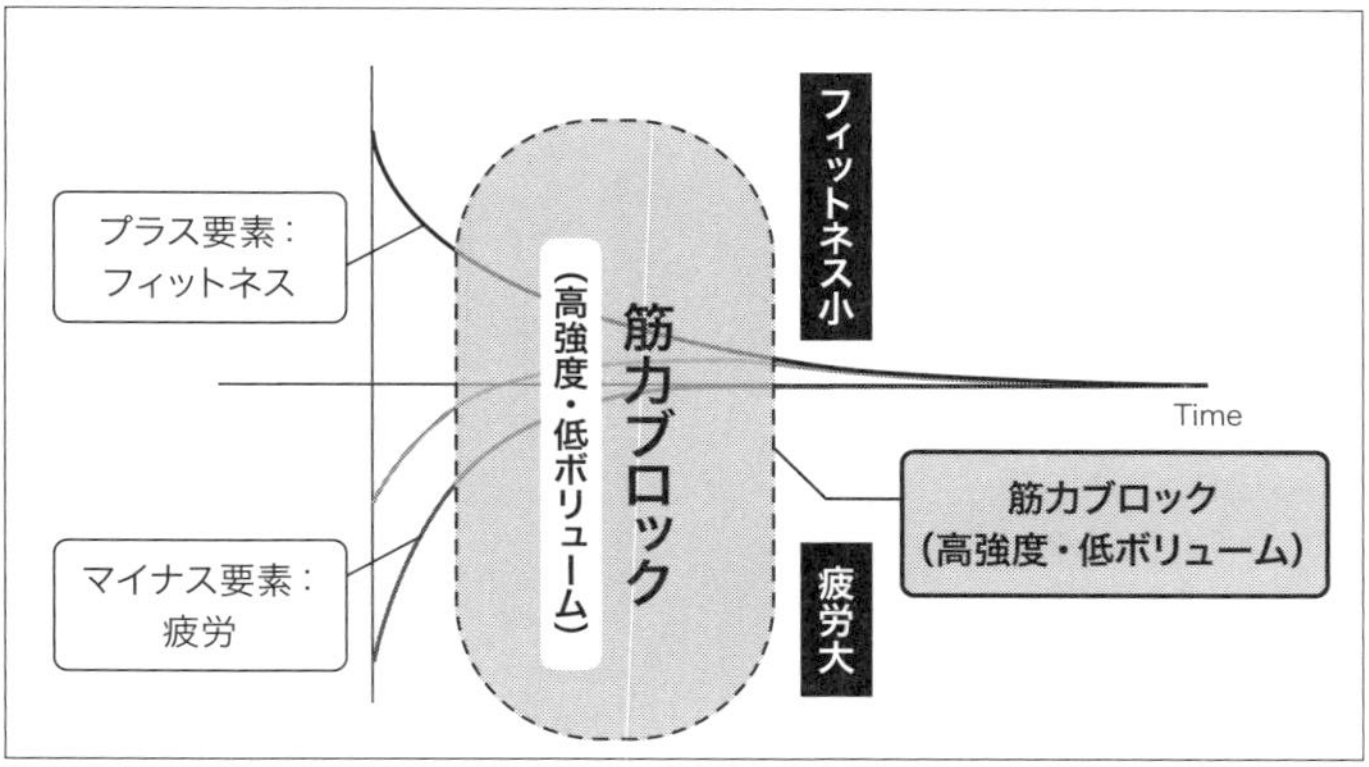

■重量と強度をあげて、低ボリュームのブロック

■オーバーリーチング(Overreaching)とは

トレーニングの強度や頻度を高めることで、過度の疲労を意図的に溜めることを「オーバーリーチング」と呼ぶ。これにより、回復後に通常よりも大きなフィットネスの向上を目指す。

オーバーリーチングの特徴

1.意図的な過負荷

通常のトレーニングよりも高い強度やボリュームでトレーニングを行い、筋肉に大きな負荷をかける。この過負荷により、疲労が蓄積し、パフォーマンスが一時的に低下する。

や疲労、怪我を防ぎながらトレーニングを行うことができます。

また、しっかりとボリュームが多い時期と強度が高い時期を分けることによって、精神的にもメリハリがつき、刺激にもなります。

筋肥大トレーニングの場合は、パフォーマンスアップ（筋力向上）の重要性はそれほど高くありませんが、筋力を高めることは停滞を抜けるために非常に重要な要素です。

ピリオダイゼーションの考え方

ウエイトトレーニングにおいて、疲労はボリュームが大きくなることによって蓄積されていきます。ボリュームが大きくなり疲労が増えることでフィットネスも向上していきます（もちろん、やりすぎはダメですが）。

ボリュームを増やしてオーバーリーチングの状態を作り、フィットネスのキャパシティを上げていく時期と、ボリュームを落としつつ強度を上げて筋力（パフォーマンス）を高める時期を作ることによって停滞を防ぐの

対する有害作用の低減が見られる(44)。最適な超回復を保証するためには、オーバーリーチングの期間の後、短いテーパリングまたは休止を設定する必要がある。しかしオーバーリーチングの期間が長期に及ぶと、すぐにオーバートレーニング状態が生じる。
The Mechanisms of Muscle Hypertrophy and Their Application to Resistance Training
Brad J.Schoenfeld
筋肥大のメカニズムとレジスタンス トレーニングへの応用より引用

が、トレーニングをプログラミングする上でのセオリーです。

ボリュームを増やすことによって筋肥大効果を高めることができますが、そのままボリュームを増やし続けるのは不可能ですし、疲労も溜まりやすく停滞を招くので、ボリュームを減らして疲労を減らし、パフォーマンスを上げて筋力を向上させていきます。「上がった筋力で次の高ボリュームブロックで総ボリュームを増やすことができる」というのを繰り返す、これが基本的なピリオダイゼーションの考え方です。

期分けの考え方

低ボリュームで高強度のトレーニングは、筋肉があまり張らず、ボディビルダーからすれば面白くない、つまらない、またはなんだか筋肉がしぼんだような気がするかもしれません。

とりあえずボリュームを増やしてパンプさせるようなトレーニングをすれば、筋肉がパンプして大きくなったように見えます。

■オーバーリーチングに関するエビデンス

筋肥大を最大化するためには、期分けされた所定のサイクルを通して量を漸増し、短期間のオーバーリーチングに達する必要があることを示すエビデンスがある。オーバーリーチングとは、パフォーマンスの向上を意図した計画的で短期間の量および／または強度の増大と定義される。パフォーマンスの向上は「リバウンド効果」の開始により達成されると思われる。リバウンド効果とは、たんぱく同化作用の一時的な低下後に、身体がたんぱく質合成速度を飛躍的に増大させ、超回復を起こさせることを指す。トレーニング歴がこのオーバーリーチング反応に影響を及ぼすことが知られている。1年以上のトレーニング経験者では、内分泌系に

「では、それを続けることで、長期的に見て効率よく負荷を増やせるか？」というと、そうではなく、停滞する可能性が高いといえます。

逆に、重量を更新することを楽しみにしている人からすれば低強度で高ボリュームブロックは重量も扱えないし、きついので面白くないかもしれません。けれど、ベースの筋肉量が増えなければ、絶対的な重量も増えにくく、怪我の原因にもなります。

トレーニングの目的が筋肥大でも筋力アップでも、どちらの期間も作らないと停滞の原因になります。ボリュームも強度もどちらも同時に上げてしまうとオーバーワークになります。そうならないために期分け＝ピリオダイゼーショントレーニングが必要です。

「やりたくないトレーニングもやる」というのも大切なことですが、「やりたいトレーニングだけをやらない」ということにも注意する必要があります。

筋肥大目的でも筋力は必要なのか？

の多くの筋肉を動員する。また、体幹の安定化を促進し、腹筋群や脊柱起立筋、僧帽筋、菱形筋などの補助筋群が動員される。
スクワットのパフォーマンス中には200以上の筋肉が活性化すると推定され、同程度の筋肉の関与を達成するには数十種類の単関節運動が必要だが、その方法は非効率的かつ実用的ではない。
（出典：Brad J.Schoenfeld The Mechanisms of Muscle Hypertrophy and Their Application to Resistance Training）

「筋肥大目的なのに筋力を上げる必要があるのか？」という疑問を持つ方もいるかと思います。確かに、筋肥大トレーニングを行うことで筋力は向上しますが、トレーニング歴が長くなるにつれて、筋肥大の進行がわずかになり、それに伴う筋力の向上も限られてきます。

トレーニング効果を得るためには、漸進的過負荷の原則に従い、トレーニング負荷を少しずつ上げていかなければなりません。しかし、トレーニングボリュームを増やすだけでは限界があります。また、可動域を広げたり、セット間の休憩を短縮したり、フォームを見直して負荷を上げる方法もありますが、それにも限界があります。特に、サイドレイズやケーブルフライなどのアイソレーション種目では、筋肉を意識しながら負荷を上げるのは非常に難しいと言えます。

結局のところ、コンパウンド種目の筋力をあげて重量（負荷）を増やしていかないと停滞の可能性は高くなります。筋力を伸ばすことは、筋肥大においても重要です。

■スクワット、ベンチプレスは不要？

筋肥大トレーニングにおいて、多関節と単関節エクササイズを両方取り入れることが支持されている。多関節エクササイズは運動を完了するために多くの筋肉を動員し、これがトレーニング後のたんぱく同化ホルモン応答に影響を与える。運動後のホルモン上昇は関与した筋量に関連し、つまり、多関節運動は単関節運動よりもテストステロンと成長ホルモン（GH）の濃度を高める。

さらに、多関節運動は全身の安定性を要求し、単関節運動で刺激されない筋肉を関与させる。例えば、スクワットは大腿四頭筋や股関節伸展筋だけでなく、股関節内転筋、股関節外転筋、下腿三頭筋を含む下半身

ボリュームを減らしたら伸びた？

「セット数を減らしたから伸びた！」と思うことがありますが、それは疲労が抜けただけの可能性もあります。ボリュームを減らすと一時的にパフォーマンスが上がることがありますが、それはフィットネスが急に伸びたわけではなく、疲労が抜けて隠れていたパフォーマンスが表面化した結果です。

フィットネス・疲労・パフォーマンスの3つの要素のうち、急に変化するのは疲労で、フィットネスは急には変化しません。

疲労が抜けてパフォーマンスが一時的に向上しても、フィットネス（地力）は下がり続け、続けていれば伸び悩みます（漸進的過負荷が難しくなります）。

ボリュームを減らすことで隠れていたパフォーマンスが表れることはありますが、低ボリュームにして伸びたからといって長期的には必ずしも良

2.レップ数を増やす: 同じ重量で行う回数(レップ数)を増やしていく。例えば、8回しかできなかったセットを10回できるようにする。
3.セット数を増やす: 同じ負荷でセット数を増やす。例えば、3セットで行っていたトレーニングを4セットに増やす。
4.休憩時間を減らす: セット間の休憩時間を少しずつ短縮し、筋肉に与える負荷を高める。
5.トレーニングの頻度を高める: 例えば週2回のトレーニングを週3回に増やす。

いわけではありません。

逆に「高強度でセット数を増やして追い込む」方法ではフィットネスは高まりますが、疲労が溜まり続けてパフォーマンスが落ち、強度が低くなります。また、怪我やオーバーワークのリスクも高まります。

つまり、セット数を減らすだけ、または強度やボリュームを増やし続けることが最善とは言えないのがフィットネス疲労理論です。どちらもバランスよく管理しないと、停滞を招く原因になります。

遺伝的限界値までは毎回限界までやっていても伸びる

その人のポテンシャルがある一定レベルまでは、どんなトレーニングをしても筋力は伸びます。例えば、10回3セットや5回5セットなどの同じプログラムを行っても、スクワットで100kgを超えるまでに1年以上かかる人もいれば、1年以内に200kgに達する人もいます。残念ながら、遺伝子による個人差は非常に大きな影響を与えます。

■漸進的過負荷の原則(Progressive Overload Principle)とは

漸進的過負荷の原則とは、筋肉や体力を向上させるためには、トレーニング負荷を徐々に増加させていく必要があるという原則。この原則の基本的な考え方は、体は一定の負荷に適応しやすいため、筋肉やパフォーマンスをさらに成長させるには、トレーニング負荷(重量、回数、セット数など)を徐々に増やすことで、体に新たな刺激を与え続けなければならないというもの。

1.重量を増やす: トレーニング中の負荷を少しずつ増加させる。例えば、ベンチプレスで50kgを使っていた場合、次回は52.5kgに増やす。

ただし、長期的に成長し続けたいのであれば、計画的にトレーニングを行うことが重要です。毎回追い込むトレーニングは確かに楽しいですが、限界に挑み続けることで気づかぬうちに限界が低くなってしまいます。

例えば「42・195km全力疾走する」というのは一見魅力的に思えますが、現実的には不可能です。人間が全力で疾走できるのは数百メートルが限界です。もし本当に42・195km全力疾走できるなら、100mを10秒で走る人は1kmを100秒、フルマラソンを1時間10分で走れるはずです。しかし、実際の世界記録は2時間を要します。つまり、「全力疾走しているつもりでも、実際には全力ではなく、走るペースが遅くなっている」ということです。

ただし、初心者のうちは毎週や隔週で成長する可能性が高いため、期分けをせずに超回復理論に基づいてトレーニングしても問題はありません。

トレーニング歴が長くなり、停滞を感じている場合には、フィットネス疲労理論を活用して期分けをし、オーバーリーチングの時期やパフォーマンス（筋力）を上げる時期を設けると、より効果的にトレーニングができ

3.筋力向上期（強度期）: 筋力や最大パフォーマンスを狙った低ボリューム・高強度のトレーニング
特徴: 使用重量を増やし、セット間の休憩を長めに設定。
4.ピーキング期: 目標とする競技やイベントに向けてパフォーマンスを最大化する
特徴: ボリュームを減らし、強度をさらに高めていく。
5.回復期: 疲労回復や怪我の予防を目的とした低強度・低ボリュームのトレーニングまたは完全休養。

ます。

長期的な視点で考えることが大切

例えば、10の労力で10のリターン（筋肉の増加や体脂肪の減少）が得られる場合、競技者はその労力を使って、短期間で11や12にするために100や200の労力を費やすべきです。しかし、一般のトレーニングをしている人が、怪我のリスクや過度な労力を割いてまで200の労力をかける必要があるのでしょうか？

仮に、11を目指して100や200のトレーニングを行い、回復が追いつかず怪我をして、最終的にリターンが6～7程度にしかならなければ、意味がないということになります。5kgの筋肉を増やすのに2～3ヶ月で結果を出すのはほぼ無理ですが、2～3年の長期スパンで見れば十分に可能であり、さらに増やすことも可能です。数年単位で計画を立てることで、怪我のリスクや精神的な疲労も抑えることができます。

■トレーニングの期分けの一般的な流れ

1.準備期: 基礎体力や筋力の向上を目的とした低強度・高ボリュームのトレーニング
例: 各種エクササイズのフォーム習得、全身をバランスよく鍛える。
2.筋肥大期（ボリューム期）: 筋肥大を狙った中〜高ボリューム・中強度のトレーニング
特徴: 多関節種目と単関節種目を組み合わせ、セット数や回数を増やす。

13 筋肥大に必要な炎症、不必要な炎症

〝炎症〟とは何か？

炎症と聞くと、良い印象よりも悪い印象を抱く方が多いかもしれません。しかし、炎症は一概に悪いものとは言えません。なぜなら、トレーニングによって引き起こされる炎症が、体を適応させる重要な役割を果たしているからです。

ストレスやコルチゾールと同様に、炎症には「体に悪いもの」というイメージがあるかもしれません。しかし、実際には炎症は体が正常に機能するために必要なものであり、望ましい効果をもたらすことも多いのです。

一般的に炎症とは、免疫系が特定の部位に対して起こす生体反応の一つであり、組織の損傷を修復したり、ウイルスなどその部位にとって有害な

3.代謝とエネルギー調整：運動時に分泌され、脂肪分解や糖新生を促進。慢性的な過剰分泌はインスリン抵抗性や代謝異常と関連。
4.疾病における役割：自己免疫疾患や炎症性疾患に関与。一部のがんで腫瘍形成を助ける可能性。
臨床的意義
IL-6阻害薬（例: トシリズマブ）は、関節リウマチやサイトカインストームの治療に使用される。

ものを排除するために起こる反応の一環です。ただし、炎症が引き起こされる原因は感染症に限りません。

炎症と筋肉の成長の関係

トレーニングは、筋繊維の損傷に伴い、筋組織にかなりの炎症を引き起こします。この炎症シグナルによって筋肉の修復と成長を開始させます。インターロイキン－6（ＩＬ-６）は、筋肉修復の炎症性制御に重要な役割を担っています。サイトカインの一種でシグナル伝達分子として作用する小さなたんぱく質です。

その役割は生体の恒常性（安定した状態）の維持にとても重要ですが、長期にわたって過剰に産生し続ける（安静時のＩＬ-６濃度が高い）と、好ましくない状態である慢性炎症が起こり、免疫系の過剰反応（自己免疫）の結果、多くの組織が侵食されることになります。

そして慢性炎症は、関節の損傷、テストステロン値の低下、筋肉を増や

■インターロイキン-6（IL-6）について

インターロイキン-6（IL-6）は、免疫応答や炎症、代謝に関与する重要なサイトカイン（細胞間で情報を伝達する低分子たんぱく質の総称）である。免疫細胞や筋細胞、脂肪細胞などから分泌される。

主な機能

1.免疫応答の調整：急性期たんぱく質の産生促進。抗体産生を助けるB細胞の活性化。T細胞の分化促進、特にTh17細胞への関与。

2.炎症作用：炎症拡大の促進と抑制の両面を持つ。

す能力の低下と関連しています。

ハードすぎるトレーニングは慢性炎症を引き起こす

高齢者を対象に、グループごとにレジスタンストレーニングの量と強度を徐々に増加させる研究では、トレーニング量が多く、ハードすぎるトレーニングを行った場合、炎症性サイトカイン受容体の筋発現が増加し、少ない量のトレーニングと比較して筋肉の成長が低下することが確認されました。

多すぎる体脂肪も慢性炎症を引き起こす

閉経後の女性を対象に行われた9ヶ月間の筋力トレーニング研究では、体幹の脂肪量が安静時のIL-6レベルと相関しており、筋肉の成長とは負の相関があることが示されました。つまり、慢性的な炎症が多い女性ほど筋肉がつきにくい傾向があったのです。

慢性炎症のレベルは体脂肪率と深く関連している

■レジスタンストレーニングとは

レジスタンストレーニングとは、筋肉に対して負荷(抵抗)を与えることで筋力、筋持久力、筋肥大を向上させるトレーニング方法である。ウエイトやバンド、自体重などを利用して行われる。負荷に対して筋肉を収縮させることで効果を得るいわゆる筋トレだが、初心者から上級者まで高齢者も含めて適応可能なトレーニングであり、筋肉だけでなく、骨密度や代謝機能の改善にも寄与する。

脂肪組織は炎症性サイトカインを分泌し、脂肪が多いほど慢性炎症も増加します。その結果、オーバーワークや肥満は慢性炎症を引き起こし、筋肉成長に悪影響を及ぼします。

では、とにかく炎症を抑えれば良いのか？

Mitchellら（２０１３）による４ヶ月間の研究では、筋力トレーニングを行う若い男性を対象に、遊離テストステロン、成長ホルモン、インスリン様成長因子１（ＩＧＦ-１）の運動前後の変化と筋肥大との関係を調査しました。その結果、これらのホルモンの変化と筋肥大の間に明確な関係は見られませんでした。

一方で、運動後のＩＬ-６反応の大きさは筋肥大と相関がありました。つまり、トレーニングによる炎症が大きいほど筋肥大の効果も高いことが示されています。

ＩＬ-６の短期間の上昇（急性炎症）は筋肥大に有益である一方、長期

■炎症性サイトカイン受容体とは

炎症性サイトカイン受容体とは、炎症性サイトカインが結合することで炎症応答を引き起こす細胞膜上または細胞内の受容体を指す。これらの受容体は、炎症の発生や進展を制御する役割を担う。

特徴

高い特異性：各サイトカインに特定の受容体が存在し、サイトカインと受容体の結合によりシグナル伝達が開始される。多様性：炎症性サイトカイン受容体にはさまざまなタイプがあり、それぞれ異なるシグナル経路を介して炎症を調節する。

間の上昇（慢性炎症）は有害です。
筋肉の成長には、運動後の急激な炎症の上昇と安静時の低い炎症レベルとの明確なギャップが重要です。

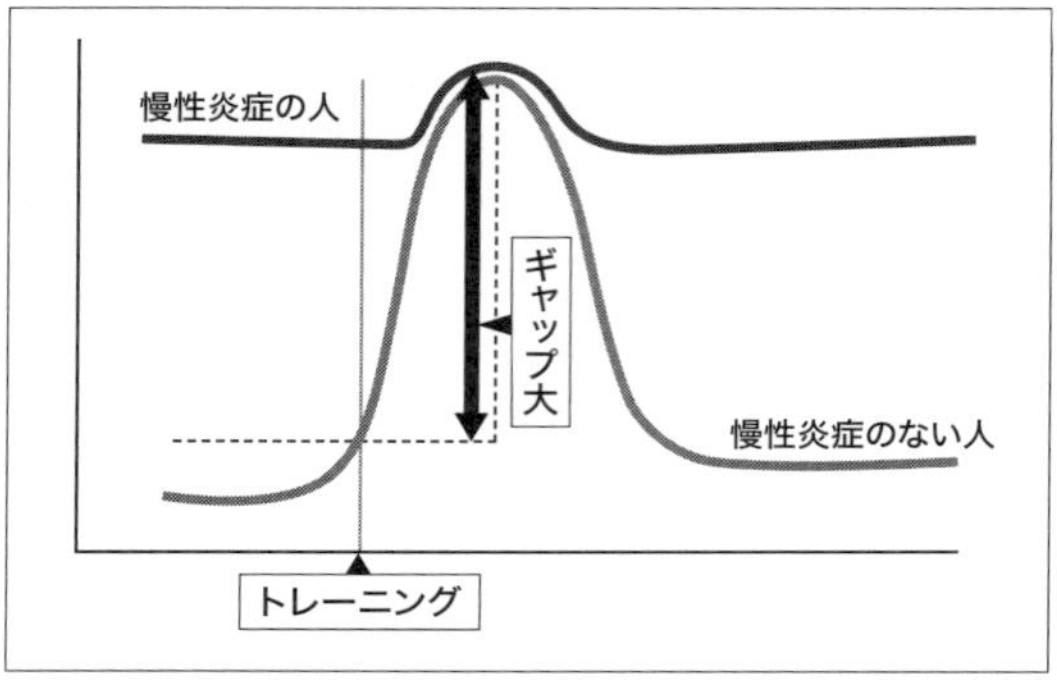

トレーニング中の炎症は抑えず、安静時には炎症を抑えることで、そのギャップを大きくすることが重要となる。

ビタミンCの摂取について

ビタミンCは、炎症を緩和する効果があるとされますが、ビタミンCの高容量（1g以上）摂取には、トレーニング効果を減らす可能性があるため、慎重に行う必要があります。

特にトレーニング前後に大量摂取することは避けましょう。

健康効果の高いビタミンCですが、トレーニングから時間を空けて摂取するようにしましょう。マルチビタミンを使用している方も、ビタミンCの含

---

2. 炎症性サイトカインの調整
ビタミンCは、炎症に関与するサイトカイン（IL-6やTNF-αなど）の産生を抑えることが示されており、炎症性反応の過剰な活性化を防ぐ効果がある。
3. 免疫系の調整
ビタミンCは、白血球（特に好中球やマクロファージ）の機能をサポートし、体内の免疫バランスを調整することで、過剰な免疫応答による炎症を抑えながら、適切な防御反応を維持する。

有量（200mg以上）が多い場合には注意が必要です。

どうしても摂取する必要がある場合には、トレーニング効果を損なわないタイミングで取り入れる工夫が重要です。

氷風呂や交互浴について

氷風呂やサウナによる交互浴は、連日の試合や極度の疲労を回復する目的で活用する場合には効果的です。しかし、筋肉の成長を目指すトレーニングでは、炎症を抑えることが逆効果になる可能性があるため、使用は慎重に考えるべきです。

疲労回復目的の場合

パワーリフティング大会の直前など、疲労を迅速に抜く必要がある場面では、ビタミンCの大量摂取や氷風呂、イブプロフェンの使用がメリットをもたらす可能性もあります。これらの方法を取り入れる際には、目標に応じて使い分けることがポイントです。

■ビタミンCの炎症を抑える効果について

ビタミンC（アスコルビン酸）は、強力な抗酸化作用を持つ栄養素であり、炎症の抑制に関与するいくつかのメカニズムが知られている。

1. 酸化ストレスの軽減

炎症はしばしば酸化ストレスによって悪化する。ビタミンCは、活性酸素種（ROS）を除去することで細胞の損傷を軽減し、炎症を抑える働きがあり、慢性炎症の進行を抑制することが期待される。

14

筋トレ効果を上げるカフェイン摂取法

カフェインのパフォーマンス向上効果

カフェインは、多くのスポーツや運動パフォーマンスにおいて効果があるとされる物質です。以下にその働き、筋力パフォーマンスへの影響、適切な摂取方法、安全性について詳しく説明します。

カフェインの働き

カフェインは、中枢神経刺激薬として以下のような作用を持っています。

●アデノシン受容体の遮断

アデノシンは脳内で眠気を引き起こす物質です。カフェインはアデノシン受容体をブロックし、覚醒感を高め、集中力を向上させます。

●交感神経の活性化

■最適なカフェインの摂取タイミングとは？

レジスタンストレーニングに最適なカフェイン摂取のタイミングは、運動の約30〜60分前。これにより、運動前にカフェインが吸収され血中濃度がピークに達するのに十分な時間を確保することができる。

カフェインは、エピネフリン（アドレナリン）の分泌を促進し、心拍数や代謝率を上げ、エネルギー供給を強化します。

●脂肪の利用促進

カフェインは脂肪の分解を助け、エネルギーとして利用しやすくします。これにより、運動時のエネルギー供給が効率化されます。

筋力パフォーマンスへの影響

カフェインは、有酸素運動や無酸素運動の両方においてパフォーマンスを向上させる効果が報告されています。

●筋力と持久力の向上

筋収縮力を高めることで、筋力パフォーマンスを改善します。また、疲労感を軽減し、持続力を高めます。

●集中力と反応速度の向上

特に試合やトレーニング中の注意力や意思決定のスピードを向上させる効果があります。

■カフェインの半減期と代謝

カフェインの半減期は一般に3〜6時間程度とされている。この半減期は、カフェイン摂取後に血中濃度が半分に減少するまでの時間を指す。半減期が短い人の場合、カフェインが速やかに体内から代謝され、効果が早く消失する。一方、半減期が長い人では、カフェインの効果がより持続する。このカフェインの代謝速度には大きな個人差があり、その鍵となるのが肝臓でカフェインを分解する酵素CYP1A2だ。この酵素は、カフェインを主にパラキサンチンという物質に代謝するが、CYP1A2酵素の活性のばらつきの約72.5%が遺伝的に決定されることが研究で明らかになっている。

●筋疲労の軽減

筋肉の疲労感を抑え、トレーニングのボリュームを増やすサポートをします。

適切な摂取方法と量

●推奨摂取量

体重1kgあたり3~6mgのカフェイン摂取が一般的に推奨されます。体重70kgの人であれば、210~420mg程度です。

●摂取タイミング

運動開始の30~60分前に摂取すると効果が最も高まるとされています。

●摂取源

コーヒー(1杯あたり約80~100mg)

エナジードリンクやカフェインサプリメント

茶類(緑茶や紅茶はコーヒーより含有量が少ない)

健康面・安全面での懸念

カフェインの摂取に際しては、以下のような注意点があります。

■カフェインとは

カフェインは、メチルキサンチンという化合物群に属し、主にその覚醒作用で広く知られている。自然界では、カフェインは植物が害虫や天敵から身を守るために生成する天然の農薬として機能しており、昆虫や微生物にとって毒性を持つため、植物が食害を防ぐのに役立っている。
さらに、一部の植物では、土壌中にカフェインを分泌して周囲の他の植物の成長を抑えるアレロパシー効果も確認されている。このように、植物にとってカフェインは生存競争を有利にする重要な化学物質と言える。

●過剰摂取のリスク

一般的に、1日あたり400mg未満の摂取は安全とされています。これを超えると、不眠、心拍数の増加、不安感、消化不良などの副作用が出る可能性があります。

●個人差

カフェインの効果や耐性には遺伝的要因や習慣の影響があり、敏感な人は少量でも副作用が出る場合があります。

●脱水リスク

カフェインには軽い利尿作用がありますが、適切な水分補給を行えば問題はほぼありません。

●長期的な健康への影響

適量であれば健康への重大な悪影響はないとされていますが、妊娠中や高血圧の人は摂取を控える方が良い場合があります。

■カフェインと健康管理

カフェインは適切に使用すれば、筋力や持久力、集中力を向上させる効果的なサプリメントだと言える。ただし、適量を守り、個人の体質や目的に合わせた摂取を心がけることが大切だ。また、過剰摂取による副作用や依存性に注意し、健康管理の一環として計画的に取り入れるよう心がけよう。

サプリ（無水カフェイン）、コーヒー、エネルギードリンクの比較

無水カフェインとコーヒーに関しては、運動パフォーマンスに与える効果が同程度であることが研究で示されています。２０１３年の持久力パフォーマンスに関する研究や、２０１６年の筋力・スプリントパフォーマンスに関する研究では、無水カフェインもコーヒーもほぼ同じように運動結果を向上させることが分かっています。さらに、カフェインレスコーヒーに無水カフェインを追加した場合でも、通常のコーヒーと同様の効果が得られることが確認されています。このことから、コーヒーは無水カフェインと同じように効果的なカフェイン源であり、運動パフォーマンス向上のために適した選択肢といえます。

一方で、実際の体感には個人差があり、普段から摂取している形態による「慣れ」の影響が大きい可能性があります。例えば、日常的にコーヒーを飲んでいる人が無水カフェインを摂取すると、いつもと異なる形態であ

■無水カフェインとコーヒー

総合的に見ると、無水カフェインは効果を明確に狙いたい場合や、即効性を求める場合に適している。一方で、コーヒーは手軽で、嗜好品としての楽しさを兼ね備えた方法だ。エネルギードリンクは利便性が高い反面、成分内容をよく確認してから利用することが推奨される。それぞれの特徴を理解し、自分の目的や体質に合った方法を選ぶことが大切だ。

るために効き目が強く感じられることがあります。無水カフェインは、純粋なカフェインとして吸収が速いため、効果の即効性が感じられる場合もあります。一方、コーヒーにはポリフェノールやその他の化合物が含まれており、これらが効果や吸収の仕方に影響を与えることも考えられます。また、コーヒーを飲む際には香りや味わいによるリラックス効果も得られるため、単なるカフェイン摂取以上の効果を感じる人もいるでしょう。

エネルギードリンクもカフェインを摂取する方法の一つですが、注意が必要です。多くのエネルギードリンクには糖分が多く含まれており、カロリー過多や血糖値の急激な上昇を引き起こす可能性があります。また、カフェイン以外にも多様な成分が含まれているため、それらが相互作用して独特の効果をもたらす一方で、副作用や過剰摂取のリスクもあります。そのため、カフェインの摂取目的を明確にした上で、適切な選択肢を選ぶことが重要です。

■エネルギードリンクの危険性

エネルギードリンクには多量の糖分が含まれていることが多く、これを飲み続けると肥満や2型糖尿病、虫歯、血糖値の急激な変動といった問題を引き起こすリスクがある。また、エネルギードリンクの常用は心血管系に負担をかける。さらに、頻繁に飲むことでカフェインや糖分を取らないと集中力が低下したり疲労感が強くなったりするなどの依存性が生じることもある。エネルギードリンクを利用する際は、こうしたリスクを理解した上で利用する。

15 コルチゾール値が高いほど筋肥大する？

トレーニングにおいて、一部では「コルチゾールは絶対に避けるべき存在であり、コルチゾール値が高まるようなトレーニングは絶対に避けるべきだ」という認識があります。また、「トレーニングは60分以上行うとコルチゾールが分泌されるため、60分以内に終わらせるべきだ」とまで言われることもあります。

コルチゾール値が高まることは、本当に悪影響なのでしょうか？

コルチゾールの働き

コルチゾールは、副腎から分泌されるホルモンで、筋肉を分解する「異化作用」を持っています。身体的や精神的なストレスがかかると、このホルモンが分泌され、体がストレスに対処する準備を整えます。

糖新生は、体にとって重要な機能であり、特に運動後や食事の摂取が遅れた際には、脳や筋肉などのエネルギー供給を維持するために必要不可欠である。しかし、過度な糖新生が続くと、筋肉のたんぱく質が分解されるため、筋肉量の減少を引き起こす可能性がある。このため、糖新生を適切にコントロールすることが、筋肉の維持や回復において重要な要素となる。

コルチゾールが分泌されると、筋肉のたんぱく質が分解され、その結果、アミノ酸が血中に放出されます。このアミノ酸は肝臓でエネルギー源となるブドウ糖を生成するために利用されます。この過程は**「糖新生」**と呼ばれ、血糖値を上昇させて脳のエネルギー源であるグルコースを効率的に確保する仕組みです。

この反応は、ストレスに適応するために重要であり、脳が必要とするエネルギーを安定して供給するために機能しています。しかし、コルチゾールが筋肉の分解を引き起こす性質を持つことから、筋肥大を目指している場合には避けたいと思う方が多いのも事実です。ただし、このホルモンと筋肥大の関係は単純ではなく、トレーニングや栄養、休息など、さまざまな要因と相互に関係しています。

「1時間以上トレーニングをすると、コルチゾールの増加により筋肉が分解されてしまうため、長時間のトレーニングは逆効果である」とよく言われますが、これは本当なのでしょうか？

実際には、1時間よりはるかに短いトレーニングでも、十分な運動強度

■「糖新生」とは？

糖新生とは、体内でグルコースを新たに合成する過程である。主に肝臓と腎臓で行われ、食事から得た糖分が不足している際や空腹時に重要な役割を果たす。糖新生は、アミノ酸や乳酸、グリセロールといった非糖質成分を元にグルコースを合成するため、体がエネルギーを供給する手段の一つとして機能する。
通常、体は食事から得た炭水化物を消化し、グルコースとして血液中に取り込むことでエネルギー源を確保する。しかし、長時間の断食や激しい運動によって血糖値が低下すると、体は糖新生を促進し、必要なエネルギーを供給する。このプロセスにより、筋肉や脂肪から放出されるアミノ酸や脂肪酸が、最終的にグルコースに変換される。

があればコルチゾールが増加することが研究で示されています。

さらに、強度の高い運動を行うと、コルチゾールだけでなく、テストステロンやＩＧＦ－１（インスリン様成長因子1）、成長ホルモンなども増加します。

コルチゾールの分泌は、トレーニング時間そのものよりも、運動の強度が身体に与えるストレスと密接に関係していると考えられています。

例えば、軽い負荷（５kg）のサイドレイズをインターバルを長く取りながら1時間行った場合よりも、スクワットを限界まで追い込んだ10回×3セットで行った場合のほうが、コルチゾールの分泌量ははるかに多いと考えられます。

このことから、コルチゾールの増加は単純にトレーニング時間の長さではなく、運動の質や強度が主な要因であると言えるでしょう。

目的に応じて、適切なトレーニング内容を設計することが重要です。

コルチゾールと筋肥大の意外な関係

■「テストステロン」とは？

テストステロンは、主に男性の精巣から分泌されるホルモンで、男性ホルモンの一種である。女性でも少量が卵巣や副腎から分泌されるが、その量は男性よりはるかに少ない。テストステロンは、筋肉の成長や骨密度の維持、性欲の調節、体毛の発達など、男性的な身体機能の発達に関与する。同時に、筋力トレーニングなどにおける筋肥大を促す同化作用を持つため、運動やスポーツとも密接に関連している。テストステロンの分泌量は20代をピークに加齢とともに減少するが、運動や栄養、睡眠といった健康的な生活習慣で一定量を維持することが可能である。

Westら（2012年）は、大規模なグループを対象に、除脂肪体重や筋肥大（筋繊維断面積、CSA）、筋力（レッグプレスによる評価）の増加が、テストステロン、IGF-1、成長ホルモン、コルチゾールといったホルモンとどのように関連しているかを調査しました。

その結果、除脂肪体重の増加やII型筋繊維の肥大は、コルチゾールと弱い相関があることが分かりました。興味深いことに、この研究では、筋肉の成長に最も密接に関係していたホルモンはテストステロンや成長ホルモン、IGF-1ではなく、コルチゾールであったと報告されています。

この結果は、従来のホルモンに関する認識を再考するきっかけとなる重要な示唆を与えていると言えます。

コルチゾールには異化作用があることは事実ですが、トレーニングにおいては同化作用と異化作用のバランスが重要です。

セット数が多く、高重量でハードなトレーニングを行うと、異化作用をもたらすコルチゾールが増加します。しかし、それ以上に同化作用が強け

■IGF-1（インスリン様成長因子1）とは？

IGF-1（インスリン様成長因子1）は、成長ホルモン（GH）の作用によって肝臓や他の組織で生成されるホルモンで、成長や細胞の再生を促進する重要な役割を持つ。IGF-1は、特に骨や筋肉の成長に寄与し、筋肉の修復や増加を促す働きがあるため、筋肥大に重要なホルモンとされている。また、IGF-1は細胞の分裂や代謝にも関与し、体内の成長や発達を調整する。運動やトレーニングにより、IGF-1の分泌が促進されることがあり、特に高強度の筋力トレーニングや持久力トレーニングでその効果が顕著に表れる。IGF-1は、体の健康やパフォーマンスを支えるために重要なホルモンである。

れば問題ありません。例えば、トレーニングをしている時よりも、自宅でNetflixを見ながらコーヒーを飲んでいる時のほうがコルチゾール値は低いかもしれません。ですが、「Netflixを見ているほうが筋肥大につながるか」と問われれば、答えは「NO」でしょう。

ハードなトレーニングは身体にストレスを与えるため、コルチゾールの分泌を促します。ただし、それに見合う同化作用が伴えば、筋肥大に悪影響を及ぼすわけではありません。ここで注意すべき点は、コルチゾール自体に同化作用があるわけではないということです。このような研究データは相関関係を示しているに過ぎず、因果関係が証明されているわけではありません。

研究が示しているのは、筋肥大をもたらすハードなトレーニングがコルチゾールの分泌を引き起こすということです。少なくとも、トレーニングプログラムを設計する際に、トレーニング中のコルチゾール増加を過剰に避けようとする必要はないでしょう。

むしろ、防ぐべきは「トレーニングによる一時的なコルチゾール増加」

IGF-1、成長ホルモンなどのホルモンは、同化作用を引き起こし、筋肉の修復と再生をサポートする。トレーニング後、特に休息や栄養摂取を通じて、損傷した筋肉が修復されるとともに、筋繊維が以前よりも太く強くなる。この過程により、筋力や筋肉量が増加する。
トレーニングにおいては、異化作用と同化作用のバランスが重要である。過度のトレーニングや休養不足が続くと、異化作用が支配的になり、筋肉が減少する恐れがある。そのため、十分な休息と栄養補給が不可欠である。また、適切な強度でのトレーニングを行い、筋肉の成長に必要な刺激を与えつつ、休養を取ることが筋肉の合成を促進し、より効率的に筋力や筋肉量を増加させる。

ではなく、「同化作用をもたらさない不要なコルチゾールの増加」であると言えます。

コルチゾールが無駄に多くなることは防ぐべきです。以下のような要因がコルチゾールを増加させる原因になります。

無駄に短い、または長いインターバル、無駄なハイボリューム、日常的にストレスを溜めること、病気や体調不良、寝不足によるストレス、食事の間隔が空きすぎること、極端な摂取カロリーの制限などがその原因です。

例えば、「トレーニング時間を気にしすぎて無駄にインターバルを短くしすぎる」ことは、心肺機能の向上には役立ちますが、筋肥大や筋力向上においてはあまりメリットがありません。そのため、60秒以上はインターバルを取るようにしましょう。また、無駄に長いインターバルを取ることで空腹時間が長時間に及び、睡眠時間や余暇時間が減少することもコルチゾールを増やす原因となります。

トレーニング歴が長くなると、必要なトレーニングボリュームは増えますが、あまりにも多すぎるトレーニングボリュームは異化作用を強くしす

■「トレーニングにおける同化作用と異化作用」について

トレーニングにおける同化作用と異化作用は、筋肉の成長や回復、体力の向上において重要な役割を果たしている。これらの作用は、ホルモンや栄養素の働きに密接に関連しており、トレーニング効果を最大限に引き出すためには、バランスを取ることが重要である。

異化作用とは、筋肉や組織が分解される過程を指す。筋力トレーニングなどで筋肉に負荷をかけると、筋繊維が微細に損傷し、これを修復するために体はエネルギーを使い、コルチゾールなどのホルモンが分泌される。コルチゾールはストレスホルモンとして知られ、異化作用を促進し、筋肉のたんぱく質を分解してアミノ酸を血中に放出する。このアミノ酸は、エネルギー源として使われるほか、新たな筋肉の合成にも利用される。

一方、同化作用は、筋肉や組織が合成される過程を指し、筋肉の回復や成長を促進する。テストステロン、

ぎる可能性がありますので、注意が必要です。また、日常的にストレスを溜めたり、風邪や体調不良、寝不足が続くこともコルチゾールの増加を引き起こす原因です。現代社会では避けられない問題ではありますが、できる範囲でコントロールすることが重要です。

減量中に極端に食事量を減らしたり、半日以上何も食べないこともコルチゾールを増加させる原因になります。しかし、普段から神経質になりすぎてストレスを感じることも悪影響を与えるので、細かいことを気にせず、大らかな精神を保つことも大切です。

コルチゾールについての「まとめ」

コルチゾールは、筋肉を分解する働きがあるホルモンです。しかし、トレーニング中にコルチゾールが放出されるからと言って、必ずしも筋肉が分解されるわけではありません。むしろ、適切なトレーニング強度でコルチゾールが分泌されることは、筋肉の成長を促進することがあります。特

■初心者が効率よく筋肥大して筋力を伸ばすには？

初心者の時期は「ニュービーゲイン」と呼ばれ、筋力や筋量が急伸しやすいのが特徴である。週2〜3回の全身トレーニングでも適切な負荷と休養を確保すれば十分な成果が得られる。大切なのは、過度に追い込みすぎずに重量や回数を少しずつ増やしていく「漸進的オーバーロード」を意識しながらフォームを固めること。フォームが乱れるとケガのリスクが高まるため、焦らず段階的に負荷を上げるのが賢明だ。さらに、筋肉の合成は休息中にも進むため、しっかりと睡眠をとり、バランスの良い食事を心がけることも欠かせない。こうした基本を押さえれば、初心者の伸びしろを最大限に活かし、より短期間で筋力を着実に伸ばしていけるだろう。

に、ハードなトレーニングではコルチゾール値が一時的に高まりますが、それが筋肥大や筋力向上に繋がることが多いのです。このため、過度にコルチゾールの分泌を避ける必要はなく、適切な強度でのトレーニングが効果的です。

ハードなトレーニングは短期的にコルチゾールを増加させるものの、その後の回復と栄養補給を適切に行うことで、筋肉の修復と成長が進むと考えられます。過度にコルチゾールの分泌を避けるのではなく、適切なインターバルを取って、休息をしっかり確保することが重要です。

一方、日常生活でのストレスや睡眠不足によってコルチゾール値が高まることは、トレーニング効果に悪影響を及ぼす可能性があります。仕事や人間関係でのストレス、睡眠不足は、身体の回復を妨げ、コルチゾールを過剰に分泌させる原因となります。そのため、ストレス管理や十分な睡眠を確保することが、筋トレの成果を最大化するためには非常に重要です。

■ストレス管理

ストレス管理と十分な睡眠は、筋トレの成果を最大化するために非常に重要である。現代社会では仕事や人間関係などから多くのストレスがかかり、それを適切に管理することが必要となる。過度なストレスはコルチゾールの分泌を促進し、長期的に高い状態が続くと筋肉の修復や成長を妨げ、トレーニング効果を減少させる原因となる。

ストレス管理の方法としては、リラクゼーション法や呼吸法、趣味を楽しむことが有効である。また、瞑想や軽い運動も心身の緊張を和らげ、ストレスを軽減する助けとなる。仕事や日常生活での優先順位をつけることや、休息を意識的に取ることもストレス軽減には効果的である。

16 体づくりにおける理想のたんぱく源とは？

マクロ栄養素だけでなく、微量栄養素の摂取も重要

たんぱく質を摂取する際には、マクロ栄養素だけでなく、食品に含まれる微量栄養素の摂取も重要です。そのため、可能な限り加工されていない食品、いわゆるリアルフードを選ぶことを推奨します。

近年、マーケティングの影響でプロテインやＥＡＡなどのアミノ酸が筋肥大効果として強調される傾向にありますが、サプリメントよりもリアルフードを摂取する方が理想的であると考えられます。

プロテインパウダーは確かに利便性が高いですが、その手軽さのみを基準に選択すると、総合的な栄養の偏りが生じる可能性があります。すべて

キンは緑茶に豊富に含まれ、これらを摂取することで健康の維持や改善が期待できる。
微量栄養素や低分子化合物は、体のさまざまな生理的機能に重要な役割を果たし、免疫力を高める、抗酸化作用を発揮するなど、長期的な健康維持に寄与する。そのため、これらをバランスよく摂取することが、健康的な生活を支えるために不可欠である。

をプロテインパウダーに頼るのではなく、バランスよく食品も取り入れることが推奨されます。

フードマトリックスとは？

「フードマトリックス」とは、食品がたんぱく質・脂質・炭水化物といったマクロ栄養素だけでなく、微量栄養素や低分子化合物、ビタミン・ミネラル・カテキン・ポリフェノール・アスタキサンチンなどの多様な栄養素を含んでいるという考え方です。これらの栄養素は相互に作用し、消化や吸収率、生体利用率が変わることがあります。

特定の食品を摂取すると、それに含まれる栄養素の相互作用が、成分ごとの効果（例えばサプリメントで摂取する場合）よりも筋肥大などの効果を促進する可能性があると考えられます。例えば、無脂肪乳と通常の牛乳を比較した際、たんぱく質やカロリーが同じでも、通常の牛乳の方がアミノ酸の吸収が良くなるというデータがあります。また、卵白のみを摂取す

■「微量栄養素と低分子化合物」について

微量栄養素と低分子化合物は、体にとって非常に重要な栄養素であり、健康を維持するために欠かせないものである。微量栄養素は、ビタミンやミネラルなど、体が必要とする量が少ないが、欠乏するとさまざまな健康問題を引き起こす可能性がある。ビタミンA、C、D、E、Kや、カルシウム、マグネシウム、鉄分などがこれに該当する。これらは主に、細胞の働きや免疫機能、骨の健康、神経伝達などに関与しており、食品から摂取することが重要である。

一方、低分子化合物は、食品に含まれ、体に直接エネルギー源として使われるわけではない化合物群を指す。例えば、ポリフェノールやカテキン、アスタキサンチンなどがこれに該当する。これらの化合物は抗酸化作用や抗炎症作用を持ち、細胞の老化や疾患の予防に役立つとされている。ポリフェノールは果物や野菜、カテ

るよりも、全卵を摂取した方がたんぱく質合成が促進されるとの研究結果も報告されています。

プロテインの摂取も有効ですが、１日に１回は多様な食品からのたんぱく質摂取をおすすめします。以前は私もプロテインと炭水化物中心の食事を摂取していましたが、最近では食事からの摂取を優先しています。

複数の栄養素による相互作用を！

フードマトリックスの研究は、食品に含まれる複数の栄養素の相互作用が、栄養素の効果に与える影響を調べるものです。

例えば、２０１７年の研究では、卵の摂取が単独の卵白よりも筋肉の合成を促進することが示されました。全卵を摂取することで、たんぱく質合成が増加し、筋肥大に貢献する可能性があることが分かっています。この研究は、全卵に含まれる脂肪分やビタミンが相互に作用し、筋肉の合成にプラスの効果をもたらすことを示唆しています。

骨の健康にも寄与する。しかし、カロリーが高くなるため、体重管理をしている場合は注意が必要である。豆乳で割る場合、牛乳と似たような栄養価を持ちながらも、乳製品を避けている人やビーガンの人に適している。豆乳には大豆由来のたんぱく質が含まれており、植物性のプロテインを摂取したい場合に最適である。また、豆乳にはイソフラボンなどの栄養素が含まれており、健康維持にも貢献する。ただし、甘味料や添加物が含まれることがあるため、成分表示を確認することが大切である。

結論として、プロテインを何で割るかは、目的や個人の好みによって選ぶべきである。減量中であれば水、筋肉増強を目指す場合は牛乳や豆乳が効果的であると言える。

また、牛乳と無脂肪牛乳の比較に関する研究では、脂肪分がある通常の牛乳の方がアミノ酸の吸収効率が高いことが確認されました。無脂肪牛乳に含まれる栄養素が、全体の栄養素吸収において効果を発揮しないことが示されています。このように、同じ栄養素でも、食品全体の組み合わせや相乗効果が、栄養素の吸収や活性に重要であることが分かります。

フードマトリックスの研究では、食品の自然な形で摂取することが、サプリメントや単体の栄養素摂取よりも効果的な場合が多いことが示されています。例えば、ポリフェノールやビタミン、ミネラルが含まれる食材を組み合わせることで、抗酸化作用や健康促進に寄与することが期待できます。このように、食品全体の相互作用を重視することが、効率的な栄養摂取の鍵となります。

この考え方に基づき、さまざまな食品をバランスよく摂取することが健康維持に重要であると言えるでしょう。

■プロテインは、水・牛乳・豆乳、何で割るのが良いか？

プロテインを摂取する際、何で割るかは重要なポイントである。プロテインは水、牛乳、豆乳などさまざまな飲み物で割ることができ、それぞれに特徴がある。水で割る場合、最もカロリーが少なく、シンプルで手軽に摂取できるメリットがある。特にダイエット中やカロリー管理をしている場合、余計なカロリーを加えずにプロテインを摂取できるので、非常に効果的である。しかし、水だけで割った場合、味が淡白になりやすいため、風味に物足りなさを感じることがある。牛乳で割ると、プロテインの摂取に加えて、牛乳に含まれるカゼインという遅延型のたんぱく質も一緒に摂取することができる。このカゼインは消化吸収が遅いため、長時間にわたりアミノ酸を供給し続け、筋肉の回復をサポートする。また、牛乳はカルシウムやビタミンDを含んでおり、

17 摂るべき脂質の役割と摂取目安量は？

「どれだけの脂質が必要なのでしょうか？」

この質問は、多くのトレーニングや栄養の専門家でも悩むものです。

一般的には、総カロリーの20％程度が目安と言われていますが、実際はどうなのでしょうか？

この答えは、「必要」という言葉の意味によって変わります。

生きるために最低限必要な脂質の量を知りたいのでしょうか？

それとも、健康を維持するための適切な量でしょうか？

または、トレーニングや身体機能、筋肥大を最適化するための量でしょうか？

ここでは、健康な成人トレーニーの方に向けて、1日の脂肪摂取量の適切な目安について考えていきます。

まずは、脂質摂取が体づくりにおいて果たす役割をご紹介します。

必須脂肪酸のバランスは健康に大きく影響する。特に、オメガ6系とオメガ3系の比率が重要であり、現代の食生活ではオメガ6系が過剰摂取される傾向がある。過剰なオメガ6系は炎症を促進し、心血管疾患や慢性疾患のリスクを高める可能性がある。これを防ぐため、オメガ3系を意識的に摂取することが推奨される。
適切な必須脂肪酸の摂取は、心血管疾患の予防、脳機能の向上、皮膚や髪の健康維持に寄与する。バランスの取れた食事が鍵となる。

脂質の大きな役割として、次の3つが挙げられます。

●必須脂肪酸の摂取
●脂溶性ビタミンの吸収
●性ホルモンレベルの維持

必須脂肪酸の摂取

脂肪酸は体内でさまざまな役割を果たしており、その構造によって機能が異なります。

脂肪酸は炭化水素鎖とカルボン酸から成り立っており、炭化水素鎖の長さに応じて「短鎖」、「中鎖」、「長鎖」という名称が付けられます。

また、鎖内の結合の種類（一重結合や二重結合）によって、飽和脂肪酸や不飽和脂肪酸と呼ばれる分類もあります。

特に、オメガ3やオメガ6といった脂肪酸は、炭化水素鎖中の二重結合の位置によってその名前が付けられています。

■必須脂肪酸とは

必須脂肪酸とは、人体が必要とするが自ら合成できないため、食事から摂取する必要がある脂肪酸のことである。主にリノール酸（オメガ6系）とα-リノレン酸（オメガ3系）が該当する。これらは細胞膜の構成要素や、ホルモン様物質であるエイコサノイドの前駆体として重要である。
リノール酸は植物油（大豆油、ひまわり油など）に多く含まれ、体内でアラキドン酸に変換される。一方、α-リノレン酸は亜麻仁油やエゴマ油、また魚油に含まれるDHAやEPAの元となる。これらは、炎症抑制や血液循環の改善に寄与するとされている。

また、不飽和脂肪酸には、二重結合の両側にある水素原子の位置によって「シス型」や「トランス型」と呼ばれるものがあります。

中でも、トランス型脂肪酸は健康に悪影響を与える可能性があるため、その摂取を控えることが推奨されています。

人間の体は脂肪酸を再構築する能力が高いのですが、オメガ3やオメガ6は例外です。これらは体内で生成することができないため、食事から摂取する必要があります。

しかし、正確な摂取量の基準は確定していないのが現状です。

多くの国で推奨されている摂取量の目安としては、オメガ3は1・4〜2・5g／日、または特定の成分であるEPAとDHAの合計で140〜600mg／日とされています。これらの摂取量を計算する際には、食品中のオメガ3やオメガ6の含有量を考慮することが重要です。

例えば、サフラワー油（サラダ油の一種）やピーナッツ油はオメガ6を含んでいますが、その含有量には大きな差があります。

また、オメガ3の供給源としては、チアシードやクルミ、アーモンドな

一方、調理方法も重要である。魚は焼く、蒸すといった油を控えた方法で調理し、余分なオメガ6系脂肪酸の摂取を抑える工夫をする。また、揚げ物や加工食品など、オメガ6系脂肪酸を多く含む食品の摂取を減らすことも大切だ。
鮮度の良い魚介類や植物油、ナッツ類を適切に組み合わせ、加工食品の利用を控えることで、必須脂肪酸のバランスを整えることに重点を置いた理想的な食事が、健康なトレーニーになるためには不可欠なものと言える。

どがありますが、それぞれの含有量も異なります。

一般的な目安として、1日20〜30gの脂肪を摂取することで、必須脂肪酸の必要量を満たすことができると考えられています。

脂溶性ビタミンの吸収

食事に含まれる脂肪によって、ビタミンD、A、K、Eなどの脂溶性ビタミンの吸収が助けられることが分かっています。

しかし、どれだけの脂肪を摂取するべきかについては、研究によって異なる結果が示されています。

簡単に言えば、短期間におけるビタミンDの吸収に関しては、少量の脂肪を含む食事が良いとする研究がありますが、長期的な影響については明確ではありません。

また、ビタミンEについても、脂肪の量が吸収に影響するという研究がある一方で、その影響は少ないとする研究もあります。

■必須脂肪酸がとれる理想的な食事

必須脂肪酸を効率的に摂取するための理想的な食事は、栄養バランスと摂取方法に配慮した食材選びが鍵である。オメガ3系脂肪酸を多く含む青魚（サバ、イワシ、サンマなど）を週に2〜3回取り入れることが望ましい。これにより、DHAやEPAが十分に摂取でき、健康への貢献が期待できる。

また、植物由来のオメガ3系脂肪酸を摂取するために、亜麻仁油やエゴマ油を調味料として活用する方法が有効である。例えば、サラダのドレッシングやスムージーに少量加えることで、手軽に栄養価を向上させることができる。ナッツ類やチアシードなどの食材もオメガ3系脂肪酸を補う食品として適している。

脂溶性ビタミンは体内に蓄積される性質があるため、食事から摂取した直後の吸収だけでなく、数ヶ月後の状態も考慮する必要があります。

さらに、全く脂肪を摂取しない食事は、これらのビタミンの吸収に不利となる可能性があります。一般的なアドバイスとしては、食事の総カロリーの20%を脂肪から摂取することが推奨されています。

例えば、1日の摂取カロリーが3000kcalの場合、脂肪の摂取量は約33g／日が目安となります。

必須脂肪酸の必要量と同程度の20〜30g程度の脂肪を摂取すれば、脂溶性ビタミンの吸収に問題がないと考えられます。

性ホルモンレベルの維持

トレーニングをしている人にとって、ここが最も重要なポイントになると考えられます。

多くの研究で、脂肪摂取量の減少が循環性ホルモンレベルの低下につな

例えば、甲状腺機能亢進症では血中の甲状腺ホルモンが多くなり、逆に甲状腺機能低下症では減少する。同様に、インスリン分泌の異常は糖尿病に関連する。循環性ホルモンレベルの測定は、血液検査が用いられ、病態の診断や治療効果のモニタリングに利用される。この指標は、個人の健康状態を反映する重要なバイオマーカーである。

がることが示されています。

２０２１年にWhittaker氏らは、男性の食事中の脂肪摂取量とテストステロン値との関係を調査するメタアナリシスを行いました。

この研究では、ほぼ体重が安定している健康な参加者を対象に、低脂肪食（平均摂取エネルギー量の約19％）と、総エネルギー摂取量が同程度の高脂肪食（平均摂取エネルギー量の約39％）を比較する短期間（２～10週間）の介入を評価しました。

その結果、低脂肪食では総テストステロン、遊離テストステロン、ジヒドロテストステロン（ＤＨＴ）、尿中テストステロンが統計的に有意に減少することが確認されました。一方で、黄体形成ホルモンや性ホルモン結合グロブリンについては、有意な減少は認められませんでした。

さらに、１９９９年のメタアナリシスでは、高脂肪食（エネルギーの29～46％）から低脂肪食（エネルギーの12～25％）に変更した場合、エストロゲン値が低下すると報告されています。特に、脂肪摂取量が総エネルギー摂取量の約20％以下になると、エストロゲン値の大幅な低下が観察さ

■循環性ホルモンレベルについて

循環性ホルモンレベルとは、血液中を循環するホルモンの濃度のことである。ホルモンは内分泌腺で産生され、血液を介して全身の標的細胞に信号を送る。このレベルは、生体の恒常性維持やさまざまな生理的機能の調節において重要である。循環性ホルモンレベルは、特定のフィードバック機構によって厳密に制御されている。例えば、視床下部、下垂体、末梢内分泌器官が関与するフィードバックループにより、ホルモン分泌が適切に調整される。甲状腺ホルモンや副腎皮質ホルモンなどがこの仕組みの代表例である。ホルモンレベルは、時間帯や環境要因、ストレス、栄養状態、加齢などの影響を受けることが知られている。例えば、コルチゾールは日内変動があり、朝に最も高く、夜に低くなる。インスリンやグルカゴンは血糖値の変化に応じて分泌される。異常なホルモンレベルは疾患の兆候である可能性がある。

れたとされています。

これらの研究結果を踏まえると、性ホルモンの低下を防ぐために、脂肪摂取量を総エネルギーの20％以上に保つことが基準になると考えられます。

ただし、脂肪摂取量だけがホルモンレベルに影響を与える要因ではないことにも注意が必要です。

炭水化物制限の影響

過度に炭水化物を制限すると、性ホルモンレベルが低下する可能性があります。限られたカロリーの中で脂肪を多く摂取することが、必ずしも最善の方法とは言えません。

炭水化物と脂肪のバランスを考慮することが重要です。

本格的トレーニーにおけるホルモンレベルの低下

これらのアスリートにおけるホルモンレベルの低下の原因は、低脂肪摂取だけではありません。トレーニングの強度や総エネルギー摂取量の不足など、他の要因も大きく影響していると考えられます。

そのため、脂肪の摂取だけを考慮するのではなく、全体的な食事内容や

ジヒドロテストステロン（DHT）は、テストステロンが5αリダクターゼ酵素によって変換された活性型ホルモンである。DHTは、毛髪の成長、皮脂分泌、前立腺の発達に関与する。DHTの過剰分泌は、前立腺肥大や男性型脱毛症のリスクと関連する。
尿中テストステロンは、体内で使用されたテストステロンの代謝物が尿に排出されたものである。この値は、ホルモン代謝状態や体内のバランスを反映し、ドーピング検査や代謝異常の診断に役立つ。これらの指標を総合的に分析することで、テストステロンの動態や関連疾患の把握が可能となる。

トレーニングのバランスを総合的に見直すことが重要です。

また、個人差によって、脂質を多めに摂取した方が体調が良い場合もあれば、炭水化物を多めにした方が適している場合もあります。

この点については、実際に自分で試行錯誤しながら調整していくことが必要です。必須脂肪酸の摂取や脂溶性ビタミンの吸収をサポートすることを目的とする場合には、1日あたり20〜30g程度の脂肪摂取で問題ないと考えられます。

しかし、トレーニングにとって重要な性ホルモンレベルをサポートしたい場合には、少なくとも1日40〜60g、もしくは脂肪摂取量を総エネルギー摂取量の20%以上に保つことをおすすめします。

多くの男性にとっては、体重×0・6〜1g程度を目安に脂肪を摂取すると良いでしょう。

■テストステロンについて

遊離テストステロン、ジヒドロテストステロン(DHT)、尿中テストステロンは、テストステロンの動態や作用を評価する重要な指標である。遊離テストステロンは、血液中で性ホルモン結合グロブリン(SHBG)やアルブミンと結合していない状態のテストステロンを指す。この遊離型は細胞に直接作用し、筋肉増加、性欲維持、骨密度調節などに関与する。遊離テストステロンのレベルは加齢やストレスによって低下しやすいため、健康評価において重要である。

18 筋力が先か筋肥大が先か？

鶏が先か、卵が先かという問題と似たような疑問が、トレーニング界にも存在します。それは、「体が大きいから強いのか」「強いから体が大きくなるのか」、「体が大きいから高重量を扱えるのか」「高重量を扱うことで体が大きくなるのか」、「筋力を伸ばせば筋肥大するのか」「筋肥大させれば筋力が伸びるのか」といった議論です。

JBBF（日本ボディビル・フィットネス連盟）のトップビルダーとJPA（日本パワーリフティング協会）のトップリフターは、それぞれ筋肥大と筋力を競う競技に参加しています。しかし、一般的なトレーニーと比較すると、JBBFのビルダーは筋力が高い傾向があり、JPAのリフターは体が大きい傾向が見られます。

ここでは、この「筋力が先か、筋肥大が先か」という問題について、私

一方、パワーリフティングは、スクワット、ベンチプレス、デッドリフトの3種目で最大重量を挙げることを目的とする競技である。筋肉の大きさよりも、いかにして最大重量を持ち上げるかが重要であり、低レップ（低回数）で高重量を扱うトレーニングが中心となる。パワーリフティングでは、筋力の向上やテクニックの精度が重要視され、神経系の適応を促すトレーニングが行われる。このように、ボディビルは筋肉の見た目や発達を重視し、パワーリフティングは最大筋力の向上を目指す競技である。両者は筋力を高める点で共通しているが、そのアプローチや目的は大きく異なる。

自身の仮説をもとに解説していきます。このテーマにはまだ解明されていない部分が多いことをご理解いただき、あくまで個人的な考えとして紹介したいと思います。

筋肥大と筋力の相互関係

前提として、筋肥大と筋力は相互に影響し合う関係にあると考えられます。ただし、個人的には筋力が先に発展するという仮説を持っています（もちろん、筋肥大が筋力向上に寄与することも認識しています）。

具体的には、筋力が先に向上し、その後に筋肥大が生じるメカニズムが、筋肥大を最も効率的に促進する方法だと考えています。筋肥大自体も筋力に影響を与えますが、その影響は比較的小さいと見なされています。

その理由は、初心者における筋力と筋肥大の発展パターンにあります。初心者では、筋力がまず急速に伸び、その後に筋肥大が発生するのが一般的です。例えば、ベンチプレスを行う場合、最初の2ヶ月間で50kgから

■ボディビルとパワーリフティングの違い

ボディビルとパワーリフティングは、共に筋力を向上させる競技であるが、その目的やトレーニング方法には大きな違いがある。
ボディビルは筋肉の大きさや形状、対称性を競う競技であり、筋肥大を主な目的としている。トレーニングでは、高いレップ数とセット数を用いて筋肉を疲労させ、成長を促進することが重視される。ボディビルダーは、筋肉を最大限に発達させるために、ボリュームの多いトレーニングを行い、栄養補給や休養も重要な要素となる。

80kgまで筋力が向上することがある一方で、筋肉量の増加はそれに遅れて3〜4ヶ月後に生じることが多いということがあります。

Moritani,aeVries(1979年)の研究では、8週間のトレーニングにおいて、最初の1〜3週間は主に神経系の適応によって筋力が向上し、その後の3〜5週間で筋肥大が始まり、筋力のさらなる増加が確認されています。また、Seynnesら（2007年）の研究によると、最初の数週間では主に筋力が増加しますが、顕著な筋肥大は起きず、視認できるレベルの筋肥大が現れるまでには数ヶ月を要することが一般的だと報告されています。

トレーニング歴が長くなってもトレーニングの原理は同じです。

初心者を対象とした研究から得られた知見ですが、トレーニング歴が長くなったとしても、トレーニングの基本的なメカニズムは大きく変わらないと考えられます。そのため、トレーニングの原理自体は普遍的であると言えるでしょう。初心者と上級者では成果の表れ方に差があるため、上級者では変化に気づきにくいこともありますが、本質的な原則は同じです。

JBBF（日本ボディビル・フィットネス連盟）のドラッグフリーのボ

さらに、筋力トレーニングで筋力が向上すれば、より高重量を扱えるようになるため、トレーニングのボリュームを増やすことができる。ボリューム（セット数×回数×重量）は筋肥大にとって非常に重要な要素であり、筋力向上によって筋肥大をさらに加速させることができる。
したがって、筋力トレーニングを行うことで、筋肥大に必要な負荷やボリュームを増やすことができ、筋肥大をより効率的に促進できる。ただし、筋肥大を最大化するためには、筋力トレーニングと共に筋肥大を意識したトレーニング（中〜高レップ）も取り入れることが重要である。

ディビルダーは、一般的なお手本とは異なるフォームで、高重量を使用する傾向があります。この方法は、筋力を先に向上させ、メカニカルテンション（機械的張力）を増加させるための手段と考えられます。

筋力の向上は、高重量を使用したトレーニングによるものです。高重量を扱うことで筋肉への負荷が増し、それが結果的に筋肉量の増加につながります。このように、筋力と筋肥大の関係は互いに影響し合い、効率的なトレーニングを実現する鍵となります。

筋力トレーニングもした方がより筋肥大に寄与する？

Carvalhoら（2020）の研究を引用します。この研究では、体重の1・5倍以上のスクワットができる男性26人を対象に、2つのトレーニングプログラムを実施しました。どちらのプログラムもスクワットとレッグプレスを週2回、4セット行う内容でした。

筋肥大（HT）群は、8週間の期間中に8〜12回を4セット行い、インターバルは1分間でした。これに対して、筋力－筋肥大（STHT）群は、最初の3週間に1〜3回を4セット行い、インターバルは3分間、その後

■筋力トレーニングが筋肥大に効果がある理由

筋肥大を目指す際、筋力トレーニングを取り入れることが筋肥大に寄与する理由は以下の通りである。
まず、筋力トレーニングでは高重量を扱うため、筋肉にかかる負荷（メカニカルテンション）が増す。メカニカルテンションは筋肥大の主要な促進因子であり、筋力トレーニングによって筋繊維に強い刺激が与えられ、筋肉が成長しやすくなる。
次に、筋力トレーニングは神経系の適応を促進する。筋力を高めるためには神経系が筋肉を効率的に動員することが求められ、この適応が進むことで筋肉をより効率的に使えるようになる。神経系の適応が進むと、筋肉にかかる負荷が増加し、筋肥大を促進する効果がある。

の5週間で筋肥大プログラムを実施しました。

結果として、筋力‐筋肥大（ＳＴＨＴ）群は、筋力の発達（１ＲＭ）と筋肉の成長（外側広筋の筋肉の厚さ）において、有意に向上したことが示されました。また、ＳＴＨＴ群は筋肥大において、ＨＴ群に追いつくことができたことも確認されました。

この研究から、筋肥大と最大筋力を増加させるためには、筋力を先に向上させる期間を設けることが有効であることが示唆されています。筋肥大を促進するためには、低レップ（低回数）のトレーニングが効果的であるという点を考慮する価値があります。

筋力は伸ばさなくても総負荷ボリュームだけ増やせばいいのでは？

「筋肥大を目指す場合、筋力の向上は不要で、トレーニングボリューム（総負荷量）の増加が重要である」とする見解があります。

しかし筋肥大は短期間では変化が確認しにくいため、トレーニングで以

ドラッグフリーのボディビルには、競技者が身体の限界に挑戦しながらも、健康的な方法で筋肉を育てるという理念が根底にある。ステロイドやその他の薬物に依存せず、トレーニングと食事によって筋肉の質と量を増やすことが求められるため、結果を出すには長期間の努力と献身が必要である。このスタイルでは、自然な身体づくりを重視し、薬物による一時的な効果に頼らない持続的な成長を目指すことが特徴である。
したがって、ドラッグフリーのボディビルは、身体作りにおける健康的なアプローチを示すものであり、薬物に頼らず、自然な方法で筋肉を育てることを強調している。

前よりも重量が軽く感じられるかどうかが、トレーニング効果を測るある種の指標となります。ただし、筋肥大による筋力向上効果は小さい場合が多く、実際に「軽くなった」と体感することは短期的には難しい場合もあります。

特に、トレーニングの中～上級者になると、筋肥大が月に100g程度の増加にとどまることもあり、その筋肥大による筋力向上を重量に反映させることは難しくなります。トレーニング時の調子が影響することもあり、筋力向上か筋肥大かの判断が難しい場合もあります。

筋肥大には週のトータルボリュームが重要であることが科学的に証明されていますが、個人的には1セットあたりのボリューム（仕事量）も重要だと考えています。例えば、100kgを10回6セットと150kgを10回4セットの場合、総負荷は同じですが、後者の方が筋量が増加する可能性が高いです。前者のようにトレーニングしても、150kgを10回できる人に追いつくのは難しいでしょう。

1セットの中でどれだけボリュームを高められるかが重要だと考えてい

■「ドラッグフリーのボディビル」について

ドラッグフリーのボディビルとは、禁止薬物やパフォーマンス向上薬を使用せずに、自然な方法で筋肉の発達や筋力向上を目指すボディビルのスタイルである。競技者は、筋肥大や筋肉の美しさを追求するが、禁止薬物を使用しないことを前提にトレーニングと栄養管理を行う。
ドラッグフリーのボディビルでは、筋肉の成長を促進するために、高いレベルのトレーニングと厳格な栄養管理が求められる。トレーニングは通常、高重量のトレーニングとともに、十分な回復期間を設けることが重要である。加えて、プロテインやアミノ酸、ビタミン、ミネラルなどのサプリメントを利用し、筋肉の修復と成長をサポートする。しかし、これらのサプリメントは、ドラッグフリーの範囲内における使用であり、パフォーマンス向上薬やステロイドの使用は禁じられている。

ます。パワーリフターのようにレップ数が少ないトレーニングでは筋力は高いかもしれませんが、1セット（40秒）の中で総ボリュームが低いため、筋肥大に特化した体型にはなりにくいです。一方で、10回のレップであっても、40秒間を通して総ボリュームが増えるボディビルダーのトレーニングは、筋肥大に寄与する可能性が高いと考えています。したがって、筋力を伸ばすことが筋肥大にも重要であるといえます。

筋肥大と筋力の相互関係に関するまとめ

筋肥大と筋力の関係

筋肥大と筋力の関係は相互作用があるが、私は筋力が先に伸びるという仮説を立てている。

初心者段階の筋力と筋肥大

初心者では筋力が最初に向上し、その後に筋肥大が現れることが一般的。研究でも初期には神経系の適応により筋力増加があり、その後に筋肥大

だし、ボディビルダーも筋力を無視しているわけではない。高重量を使ったトレーニングを行うことで、一定の筋力も向上するため、筋肉量が多いことで重い物を持ち上げる能力が向上することもある。しかし、パワーリフターのような最大筋力を目指すわけではないため、力仕事にはパワーリフターの方が有利である。

結論として、ボディビルダーの筋肉は力仕事には必ずしも最適ではないが、筋肉量が多く耐久力が求められる場面では役立つということになる。

が加わると報告されている。
トレーニング歴が長くなっても、基本的な原理は変わらず、筋力向上が先にあり、その後に筋肥大が寄与すると考えられる。

筋力向上を優先する期間

筋肥大を目的としても、筋力向上を優先する期間を設ける方が有効であるとの報告あり。
1～5回の低レップトレーニングが筋力向上を促進し、トータルボリュームの増加と筋肉の成長に寄与する可能性がある。

1セットのボリュームの重要性

1セット内での仕事量（ボリューム）が重要であり、トータルボリュームよりも1セットの高いボリュームが筋肥大に寄与する可能性がある。

■ボディビルダーの筋肉は、力仕事に役立たないか？

ボディビルダーの筋肉が力仕事に役立たないという見方がある。ボディビルダーは筋肉の大きさや形、対称性を重視してトレーニングを行い、高レップ数で多くのセットをこなす。これにより、筋肉の見た目が発達し、筋肉量は増加するが、最大重量を扱う能力は必ずしも高くない。そのため、ボディビルダーの筋肉は見た目には非常に大きくても、重い物を持ち上げる力仕事には向かない場合がある。
一方、パワーリフターは、スクワットやデッドリフトなどの競技で最大重量を挙げることを目的としており、低レップ・高重量のトレーニングで筋力を最大化する。パワーリフティングの筋肉は、力仕事をこなすために最適化されており、極限の筋力発揮が求められる場面においては、ボディビルダーの筋肉よりも優れている。た

19 マシンとフリーウエイトどちらが良い？

マシンとフリーウエイトのどちらが筋肉をより大きくし、筋力を向上させ、かつ関節への負担を軽減できるかについては、現在では科学的な根拠に基づいてある程度明確になってきています。

よくある意見としては

マシン派の意見

マシンが筋肉の成長に寄与するという意見があります。

その理由として、マシンは動作からスタビライザー（バランスを取るための筋力）の負担を排除できるため、狙った筋肉に的確にアプローチできる点が挙げられます。

さらに、怪我のリスクを減らすことができると主張する人も少なくあり

最先端のフィットネスプログラムとオリジナルのトレーニングメニューを搭載している機種もあり、個々のユーザーのニーズに応じたトレーニングが可能となっている。AI搭載のランニングマシンやクロストレーナーも登場しており、これらは心拍数やフォームをリアルタイムで解析し、最適なトレーニングプランを提案してくれる。これにより、トレーニングの効果が最大限に引き出され、怪我のリスクを減らすことができるとされている。こうした最新の筋トレマシンは、テクノロジーを駆使し、より安全で効率的なトレーニング環境の提供を目指している。

ません。

フリーウエイト派の意見

一方で、フリーウエイトトレーニングを志向する人たちは、マシンは筋力向上に劣り、むしろ関節に負担をかける上、筋肉の成長にも寄与しないと主張しています。ただし、これらの意見は客観的な見地というよりも、思想に基づく立場が強いと考えられます。

例えば、「本物のトレーニーになるためには重いスクワットが絶対に必要だ！」というような思想が存在しています。

バーベルVSマシンの科学的根拠

必ずしもバーベルスクワットを行う必要がないことが、新しい研究によって示されています。

この研究では、バーベルを使用したグループと、同じ動作をマシンで行ったグループを比較しました。

■最新のトレーニングマシンについて

最新の筋トレマシンは、従来のトレーニングをさらに効率的かつ効果的にするための先進技術を搭載している。

例えば、ユーザーの筋力や体調に基づいて自動的にトレーニングの負荷を調整する器具も登場している。トレーニングの進行具合に合わせて最適な負荷を提供し、筋力向上をより効率的にサポートするものもある。

また、高耐久性と共に洗練されたデザインが施されたマシンもあり、多くのジムにも導入されている。

その結果、両グループで筋肉の成長は同等であった一方、筋力向上については使用した器具に特有の効果が見られました。

具体的には、バーベルを使用したグループはバーベルリフトで、一方マシンを使用したグループはマシンエクササイズで筋力がそれぞれ向上しました。

この結果は2023年のメタ分析とも一致しており、マシンとフリーウエイトの両方が筋力向上において同等に効果的であることを示しています。

筋肉にとっての負荷はフリーウエイトもマシンも同じ

筋肉は機械的な張力に反応して強くなるため、その張力の源が何であっても関係ありません。

ただし、特異性の原理から、筋力を他のエクササイズに移行させる効果においては、マシンがやや劣る傾向があるとされています。

一方、フリーウエイトエクササイズはスポーツ特有の動作への移行においてやや優れていますが、その差はそれほど大きくありません。

さらに、トレーニングのフォームをサポートする器具も登場している。可動式ベンチやダンベルラックなどのフリーウエイトの補助器具も進化しており、トレーニングの効率を最大化するための配置や調整が簡単に行えるようになっている。
最新のフリーウエイト器具は、従来の器具の機能性に加え、ユーザーの利便性と安全性をさらに高める設計が施されており、トレーニングの質を向上させている。

実はフリーウエイトの方が関節には優しい

また、関節痛に関しては、バーベルとマシンの両方のグループで同程度の不快感が報告されました。

しかし、2008年の研究では、固定された動きしかできないマシンの方が、より自由な動きを可能にするマシンよりも関節の不快感が強かったことが指摘されています。これは、動きの自由度が高いフリーウエイトの方が、実は関節に負担をかけにくいことを示唆しています。

フリーウエイトの方が怪我が多いというイメージがありますが、これはフリーウエイトを好むリフターが、マシンを中心にトレーニングするトレーニーよりも高重量を扱うことを好むためではないかと個人的には考えています。

個人的な見解としては

この論争は何度も目にしてきましたが、個人的には、フリーウエイトがうまくできない人ほどフリーウエイトに取り組むべきですし、フリーウエイトが問題なくできる人はマシントレーニングでも問題ないでしょう。

■最新のフリーウエイト器具について

最新のフリーウエイト器具は、トレーニング効率と安全性を高めるために進化している。例えば、可変式ダンベルはその代表例であり、ユーザーが手軽に重量を調整できるため、複数のダンベルを持ち運ぶ手間が省ける。重量を瞬時に変更できるため、トレーニング中の無駄な時間を減らすことができる。

また、最新のバーベルは、より高い耐久性と精密な設計が施されており、オリンピック競技向けや高重量トレーニングに対応できる強度を誇る。これにより、重量トレーニング中の安全性が向上し、バーのしなりやバランスが最適化されている。特に、グリップ部分が改良され、手に優しく、滑りにくい設計が施されていることが多い。

トレーニングには、筋肉に負荷を与える側面と、運動としての側面があります。

例えば、バーベルスクワット、ハックスクワット、レッグエクステンションはいずれも大腿四頭筋に負荷を与えるエクササイズです。同時に、それぞれが「スクワット動作」という運動としての要素を持っています。

大腿四頭筋への負荷という観点だけで見れば、バーベルスクワットよりハックスクワットの方が負荷を集中させやすく、さらにレッグエクステンションでは一層集中的に負荷を与えることが可能でしょう。

しかし、レッグエクステンションだけを行っていては、身体を連動させて行うスクワット動作が上達せず、長期的に漸進性過負荷をかけ続けることが難しくなる可能性があります。

また、この手の研究は短期的な期間（長くても数カ月）を対象としており、長年トレーニングを続けた結果としての停滞を想定していない場合が多いです。さらに、マシントレーニングだけでは種目の選択肢が限られてしまうのも事実です。

ルベルは有酸素運動にも効果的で、筋力だけでなく心肺機能の向上も期待できる。ダンベルは、可変式ダンベルを選ぶことで、さまざまな重量に対応できるため、効率的にトレーニングを行うことができる。特に腕や肩、胸筋をターゲットにしたトレーニングに適しており、全身をバランスよく鍛えることが可能だ。後は、トレーニングマットも便利で、床でのエクササイズ時に身体を保護し、快適にトレーニングを行うことができる。これらの器具を組み合わせることで、自宅でもジムと同じように多彩なトレーニングが実現できるだろう。

そのため、フリーウエイトとマシンを適切に使い分けることが、最も効果的な選択でしょう。

フリーウエイト

身体の連動を活用し、全体的な身体能力を向上させることでベースアップを図り、漸進性過負荷を狙う。

マシントレーニング

対象の筋肉を集中的に狙って鍛える。

このような長期的な視点に基づく戦略が望ましいと考えます。

フリーウエイトVSマシンの結論

新しい研究と以前のメタ分析から、マシンとフリーウエイトは筋肉をつける点でも、筋力を向上させる点でもほぼ同等に効果的であることが明らかになってきました。

しかし、これらの研究は多くが短期的な視点に基づいており、長期的な

■自宅トレで備えたい筋トレ器具

自宅トレーニングを効果的に行うためには、いくつかの基本的な筋トレ器具を備えると良い。まず、自宅にスペースがあれば、スクワットやデッドリフトなどの大きな筋肉群を鍛えることができるバーベルセットは、筋力向上を目的とするトレーニングに最適な器具だと言える。可変式のプレートを使用することで、重量を自由に調整でき、場所を取らずに収納可能であるため、自宅トレーニングに最適だと言える。
次に、ケトルベルも非常に効果的な器具である。ケトルベルスイングやスナッチなどの動作を通じて、全身の筋力や爆発力を向上させることができる。コンパクトなデザインのため、スペースを取らず、効率的なトレーニングが可能だ。なかには、デザイン性も高く、自宅にオブジェとしておきたくなるものもある。加えて、ケト

トレーニング効果については十分に検討されていない場合が多いです。

さらに、フリーウエイトとマシンにはそれぞれメリットとデメリットがあるため、両方を適切に使い分けて取り入れることが、最も効果的なトレーニング方法であると考えられます。

例えば、初心者であればマシンで基本動作を身につけた上でフリーウェイトに移行する、低重量高回数で行うアイソレーション種目などはマシンで行い高重量低回数で行うコンパウンド種目などはフリーウェイトで行う、など、個々の目的に合わせて併用することで最大限の効果を引き出しやすくなるでしょう。

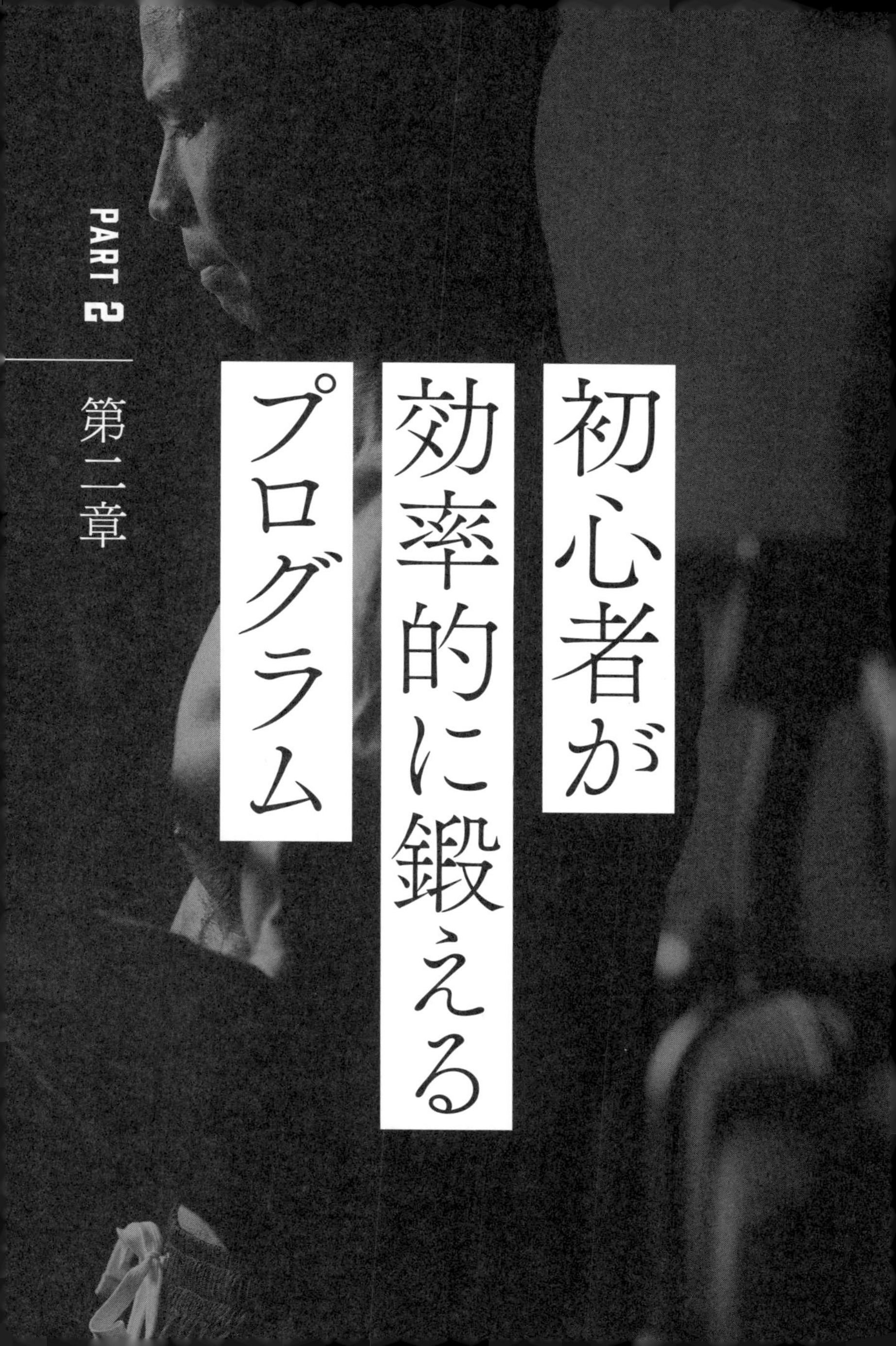

PART 2

第二章

初心者が効率的に鍛えるプログラム

≫初心者向けの週3回のプログラム

初心者の方は、ベンチプレス・スクワット・デッドリフトなどの種目をメインに、全身をまんべんなく鍛えることができるメニューを行っていくとよいでしょう。特に初心者の場合は、同じ部位を週2〜3回の高頻度で行うことが重要であるため、メニュー数はそこまで多くする必要はありません。アイソレーション種目に関しても、初心者にとっては優先順位が低く、取り入れてもそこまで大きな差は生まれないという研究結果があるため、メニューに入れる必要性は低いです。

また、「初心者」とは、ExRx．netより引用したベンチプレスの重量表の、Untrained~Intermediateの範囲にいる人が該当します。例えば、体重が60 kgの男性で、ベンチプレスのMax重量が60 kgの場合、Novice以上Intermediate未満なので、初心者に該当します。Max重量を測定したことのない人は、ベンチプレスで自分の体重を5回以上あげられなければ

■初心者が効率よく筋肥大して筋力を伸ばすには？

初心者の時期は「ニュービーゲイン」と呼ばれ、筋力や筋量が急伸しやすいのが特徴である。週2〜3回の全身トレーニングでも適切な負荷と休養を確保すれば十分な成果が得られる。大切なのは、過度に追い込みすぎずに重量や回数を少しずつ増やしていく「漸進的オーバーロード」を意識しながらフォームを固めること。フォームが乱れるとケガのリスクが高まるため、焦らず段階的に負荷を上げるのが賢明だ。さらに、筋肉の合成は休息中にも進むため、しっかりと睡眠をとり、バランスの良い食事を心がけることも欠かせない。こうした基本を押さえれば、初心者の伸びしろを最大限に活かし、より短期間で筋力を着実に伸ばしていけるだろう。

ば初心者となります。

トレーニング回数と重量設定について

ＲＰＥを採用している理由は、個人差やその日ごとの体調の違いを加味するためです。例えば、同じ筋量の人であっても高重量を低回数あげることが得意な人もいれば、低重量を高回数あげることが得意な人もいます。そのためＲＭ法を用いて重量と回数を指定してしまうと、追い込み方に個人差が生じてしまいます。トレーニングにＲＰＥを取り入れることで、追い込み過ぎず適切な負荷をかけることができます。

また、仕事が忙しくて十分な睡眠時間を確保できなかった日や食事を摂ることができなかった日などと比べ、十分な睡眠時間と食事を確保できた日では、扱える重量に差が生じることは当然です。ＲＰＥを用いることで、その日の調子に合わせて重量を増減できます。そのため少しでもよい状態でトレーニングに臨めるコンディションが大切になります。

■週に2〜3回の場合のプログラム

A

1	スクワット	10回3セット	インターバル3分
2	ベンチプレス	10回3セット	インターバル3分（時間がなければ2分）
3	デッドリフト	10回2セット	インターバル3分
4	懸垂	10回3セット	インターバル3分（時間がなければ2分）
5	サイドレイズ	12回3セット	インターバル1分
6	アブローラー	10回2セット	インターバル2分

B

1	スクワット	10回3セット	インターバル3分
2	ベンチプレス	10回3セット	インターバル3分（時間がなければ2分）
3	懸垂	10回3セット	インターバル3分（時間がなければ2分）
4	サイドレイズ	12回3セット	インターバル1分
5	アブローラー	10回2セット	インターバル2分

※AとBを繰り返す。間隔は2〜3日空けてください。

≫注意すべきポイント①
可動域を最大限に確保する

トレーニングを行う際、可動域はなるべく大きく確保できるようにしましょう。

重量が大きくなるにつれて可動域を狭くしてしまいがちですが、ボリュームを減らさないためにも可動域は一定に保つ必要があります。例えばベンチプレスであれば、バーを胸につく前に切り返すやり方ではバーが胸につくまで下げるよりもはるかに大きい重量を扱うことができますが、鍛えたい部位に対して適切な負荷をかけることができません。それだけでなく、狙った部位にかける負荷以上の重量がかかることで、関接や軟部組織に対して過度のストレスがかかってしまうため、怪我のリスクが高くなってしまいます。

■ストレッチが筋肥大にもたらす新たな可能性

近年の研究では、筋肉をしっかり伸ばした状態で負荷をかける(ストレッチを伴うトレーニング)ことが、筋肥大において特に有効な刺激になる可能性が示唆されている。実際、ストレッチを意識した可動域の確保や、負荷を掛けた状態での伸展動作は、筋繊維により大きな機械的テンションや微細な損傷をもたらし、結果として筋力や筋量の向上に寄与すると考えられている。最大限の伸びを得られる種目やフォームを取り入れることで、より効率的に筋肉を発達させせられる点が注目されている。

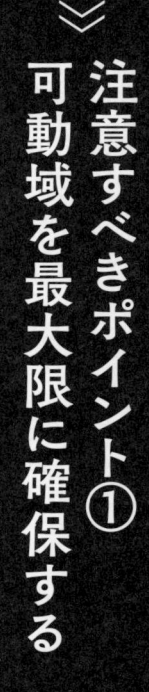

可動域がとれていないベンチプレスの例

肩がすくんでしまっている

胸より肩の筋肉を使っている。肩関節の怪我のリスクが高い

胸につくまで降ろしていない

大胸筋が伸びきっておらず、十分なトレーニング効果が見込めない

≫注意すべきポイント②
ゆっくりと降ろす

筋肥大において、伸張性エクササイズを取り入れることは非常に重要な要素となります。伸張性エクササイズとはストレッチ種目とも呼ばれるもので、ダンベルフライやインクラインダンベルカール、トライセプスエクステンションなどのように筋肉が伸びた状態で強い負荷がかかる種目を指します。トレーニング種目の中には、筋繊維の収縮時に強い負荷がかかる短縮性収縮や、筋肉の長さに関係ない状態で力を発揮する等尺性収縮などがありますが、多くの研究結果によって伸張性エクササイズは短縮性や等尺性の筋活動に比べてより一層除脂肪体重の増大につながりやすいことが明らかにされています。

伸張性エクササイズの場合、中重量を中回数で行うことが一般的です。その際、ＢＩＧ３以外の種目では2〜3秒ほどかけてゆっくりと降ろすことを意識しましょう。

■伸張局面での刺激

エクササイズの伸張局面を意図的にコントロールすることで筋力や筋肥大がより高まることが示唆されている。ゆっくりと下ろすことで重量をコントロールしやすくなり、フォームが乱れにくくなるうえ、伸長反射に頼りにくくなるため、筋繊維にかかる負荷を一層高められるメリットがある。。

伸張性エクササイズの例：ダンベルフライ

バーベルベンチプレスに比べて、ストレッチ時に強い負荷がかかるのが特徴

伸張系エクササイズの例：インクラインダンベルカール

通常のダンベルカールに比べて、二頭筋のストレッチ時に負荷がかかり続けている

注意すべきポイント③ 睡眠時間を十分にとる

プログラムをすすめていくと、後半にかけてかなりきついトレーニング内容となります。そのためしっかりと睡眠をとり、疲労が回復してからトレーニングに臨む必要があります。

筋肥大を効果的に行うためには、トレーニングだけでなく休息と睡眠も重要な要素となります。筋肥大はトレーニングで破壊された筋繊維を修復することで起こるため、十分な休息・睡眠をとり、体を休めることで修復が促進され、効率的な筋肥大につながります。可能であれば7～8時間程度の睡眠を確保できると、トレーニングの質が上がります。

また、トレーニング中にいったん負荷を下げるのも効果的です。次章で紹介する9WEEKプログラムは、前週にボリュームを抑えつつ、疲労が回復した状態で記録更新に臨めるような構成になっています。

■睡眠の重要性

睡眠不足が筋肉の修復や合成を阻害し、パフォーマンス低下につながる可能性が指摘されている。逆に、7〜9時間程度の十分な睡眠を確保することで、トレーニング後の回復が促進され、筋タンパク質合成が高まりやすいという報告もある。適切な睡眠を習慣化することが、記録更新や身体づくりを支える重要な要素といえるだろう。

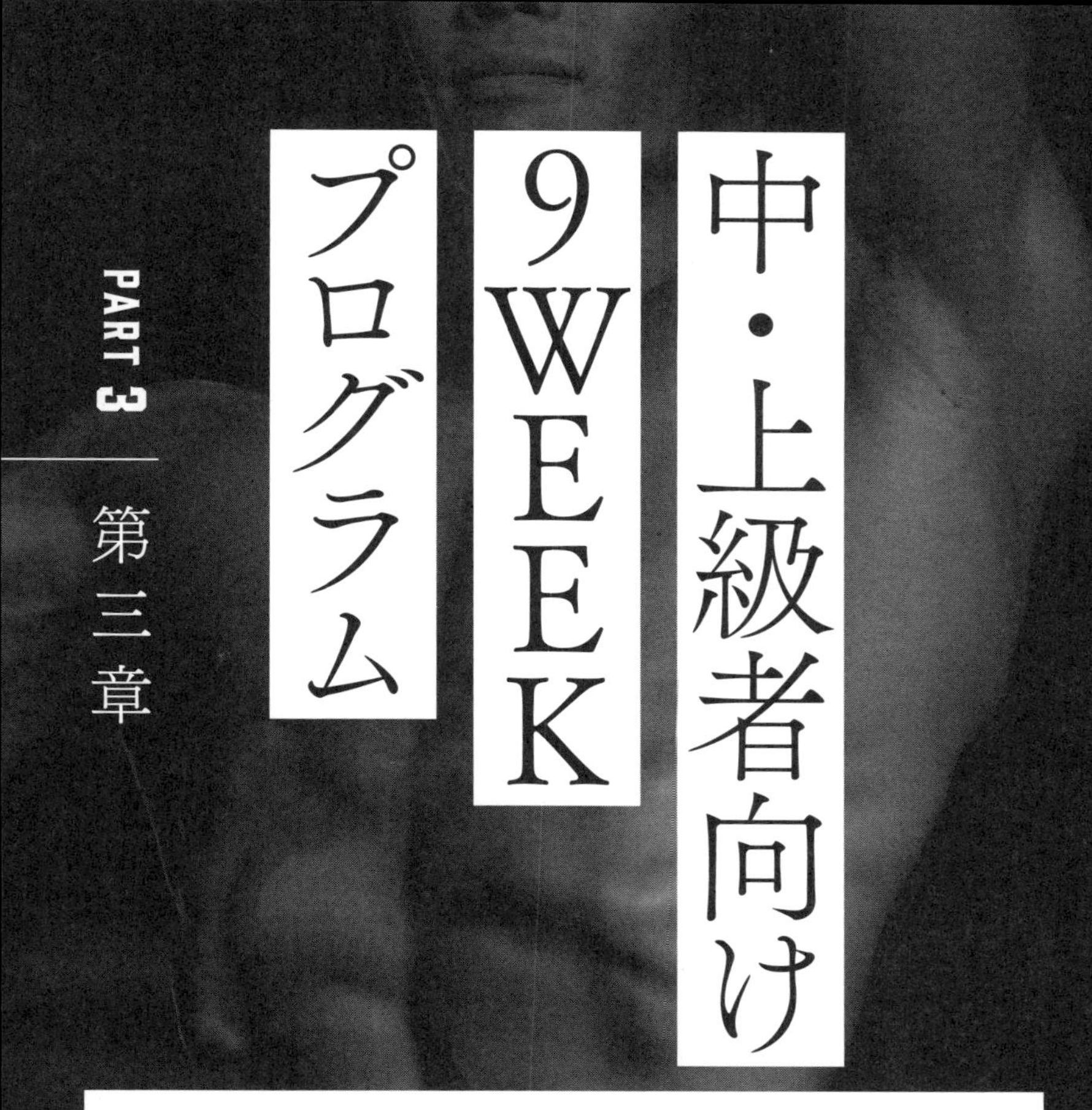

中・上級者向け 9WEEK プログラム

PART 3

第三章

本章で紹介するトレーニングをより効率的に実践するために、プログラムの詳細を設定するシート（Excelファイル：1MB）、利用方法の説明書（PDFファイル：3MB）を用意しています。本書をお読みの上、必要な項目を入力することで、ご自身のトレーニング状況に合ったプログラムが設定できます。

https://kdq.jp/yjce9

URLもしくは二次元コードへアクセスし、
IDとパスワードを入力してダウンロードしてください。

ID：kintorechotaizen　パスワード：@is9weeks

ダウンロード期限：2028年2月18日23時59分

注意事項

- PC／スマートフォン対象（一部の機種ではご利用いただけない場合があります）。
- ダウンロードに際し発生する通信料はお客様の負担となります。
- zip形式で圧縮しているため、端末やOSによっては解凍のため別途アプリが必要となる場合があります。なお、必要なアプリのインストールや詳細なダウンロード手順については、ご利用環境によって異なるため個別にご案内できません。
- 第三者やSNSなどネット上での公開・配布は固くお断りいたします。
- システム等のやむを得ない事情により、予告なくサービスを終了する場合があります。

週4日で全身を鍛える中・上級者向けプログラム

9WEEKプログラムは、上半身・下半身のトレーニングを週に4日行うことで、全身を鍛えることができるプログラムです。

週のなかで限られた日数でトレーニングを行うため、1日あたりの種目数が多くなっています。1日のトレーニング時間をあまり確保できない場合は、DAY1のサイドレイズをドロップセットにする、上腕二頭筋・三頭筋の種目をスーパーセットで行うなどして対応するとよいでしょう。

ドロップセットとは、「はじめにその種目の最大重量で限界まで行った後、20%ずつ負荷を下げていく」セットです。例えばベンチプレスのMAXが100kgの場合、1回目に100kgで限界まで行い、2回目は80kgで限界まで、3回目は60kgで限界まで、という形で行います。合計で3〜4回行うのがよいでしょう。

一方、スーパーセットとは、「拮抗筋を連続して鍛える」セットです。

■拮抗筋

拮抗筋とは、反対の作用を起こす一対の筋肉。直接的に動作を起こす筋肉は主動作筋と呼び、関節を曲げる、伸ばすなどした際にこの主動作筋と反対の動きをする。

ドロップセット

1セット目を限界重量で行う→2セット目以降の重量を20%ずつ下げるトレーニング法

↓

(例)サイドレイズ

1セット目：10kg → 2セット目：8kg → 3セット目：6kg

徐々に重量を落としてトレーニングを行うことで、効果はそのままに疲労回復のインターバル時間を短縮することができる

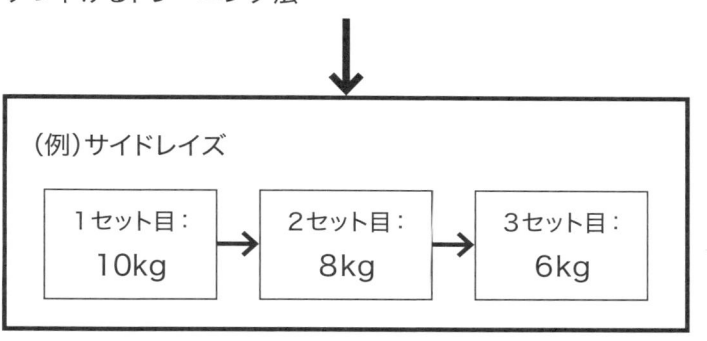

まず、ダンベルカールで上腕二頭筋を鍛え、その後、トライセプスエクステンションで上腕三頭筋を鍛えると、その間に上腕二頭筋が休まりインターバルとなるため、トレーニング時間を短縮できます。

短期間で重量を伸ばそうとしない

ドロップセットやスーパーセットで行っても、筋肥大効果に大きな差はありません。しかし、時間を十分に取れるのであれば、なるべくプログラムのセットにしたがって取り組むことをおすすめします。

9WEEKプログラムは、中上級者が重量・筋量を伸ばすためのプログラムとなっています。トレーニングを始めて間もない人であれば成長が速いため、9週間もかからず毎週のように最大重量を更新できることが多いです。

しかし、1~2年以上トレーニングを続けていると、初心者とは違い、重量を伸ばすことが難しくなります。そこで短期間で重量を伸ばそうとす

■スーパーセットの活用

スーパーセットによるトレーニング時間の短縮や代謝ストレスの向上が筋肥大に有効と報告されている。ただし、最終的には漸進的オーバーロードを継続しないと重量の伸びが停滞しやすいため、短期集中のテクニックだけに頼らず、長期的な視点で計画を組むことが重要だ。

るのではなく、9週間という長期的な目線でプログラムを組み、実践する必要があります。

スーパーセット

まずは上腕二頭筋を鍛えるダンベルカールを行う

↓

次に二頭筋の拮抗筋である上腕三頭筋を鍛えるトライセプスエクステンションを行うことで時間短縮になる

行うべきRep数の幅を示すRep Range

9WEEKプログラムでは、各セットにおいて行うべきRep数に幅を持たせて設定しています。これをRep Rangeといいます。

Rep Rangeを用いる理由は、指定されたRPE（212ページ参照）を狙うことが容易になるからです。セットを重ねていくにつれて、疲労によって当然Rep数は低下することが想定されます。その際、Rep数に幅を持たせておくことで、1セット目よりも少ない回数で終わってしまう2セット目以降のRep数の目安になります。

例えば、1セット目に12Repできた重量が、2セット目には10Repに下がってしまったとします。このように多少Rep数が前後してしまっても、あらかじめRep Rangeに幅を持たせておくことで対応することができます。また、Rep Rangeを用いることで短いインターバルでも指定のRPEを狙いやすくなるというメリットもあります。

■多様なレップレンジがもたらす筋繊維の総動員

筋肥大を狙う際に8～12回前後の「中負荷域」だけにこだわらず、低回数・高負荷や高回数・低負荷のトレーニングも組み合わせることで、速筋・遅筋の両方に刺激を与えられると示唆されている。こうした"幅"を活用し、RPEなどを併用しながらコンディションに合わせて設定を変えることで、より多面的に筋繊維を活性化し、総合的な筋力アップや筋肥大の可能性を高めることが期待できる。

■ Rep Rangeの考え方

定められたプログラム内容
ダンベルカール　Rep Range10-12／RPE8

↓

10-12Repやると、あとギリギリ2回できそうな重量でセットを組む

1セット目：10回目であと2回ギリギリできそうだと思ったら10回で終える

2セット目：再度RPE8になるまで行う、この時当然前のセットより回数が落ちることが想定されるが、8-9回目でRPE8になった時点で終える

3セット目：7-8Repまで落ちることが想定されるので、10-11Repできる重量に落とす

↓

よって、1セット目を12kgで行う場合、下記の重量で1～3セット目を行う

1セット目：12kg　10回

2セット目：12kg　9回

3セット目：10kg　10回

≫9週間を3BLOCKに分ける ピリオダイゼーション

9WEEKプログラムは、9週間を3BLOCKに分けたピリオダイゼーションプログラムです。「ピリオダイゼーション」とは、トレーニングをいくつかの期間ごとに分けて取り組むことで、試合本番などで最高のパフォーマンスを発揮できるよう調節する方法のことを意味します。本プログラムでは9週間を4週、3週、2週の3BLOCKに分け、各BLOCKの目的に応じてトレーニングボリューム・強度に変化を加えることで、最終週に記録を更新することを目標としています。

BLOCK1は低重量を高セットで行い、BLOCK2でセット数を減らすぶん重量が上がり始め、BLOCK3でできるだけ多くの回数を行い、記録を更新していくという流れになっています。BLOCKごとに明確な意図をもって定めているので、順番や期間、トレーニング内容にはすべてしたがうことをおすすめします。

■ピリオダイゼーションのメリットはメンタル面にも

一定のサイクルごとにトレーニングの強度やボリュームを調整するピリオダイゼーションは、オーバートレーニング予防だけでなく、モチベーション維持やメンタルのリフレッシュにも効果的だと報告されている。計画的に休息と高負荷期間を繰り返すことで、長期的なパフォーマンス向上が望めます。短期的な成果にこだわりすぎず、段階的な調整を取り入れることが、トレーニングを長く続けるうえでの大きなポイントだ。

ピリオダイゼーションプログラム

BLOCK1

WEEK1 慣らし& ディロード期間

WEEK2 ボリュームUP

WEEK3 ボリュームUP

WEEK4 最大ボリューム

BLOCK2

WEEK5 ボリュームDOWN／強度UP

WEEK6 ボリュームDOWN／強度UP

WEEK7 ボリュームDOWN／強度UP

BLOCK3

WEEK8 ボリュームディロード期間
強度はそのままで、ボリュームを下げるボリュームディロードを行う

WEEK9 AMRAP

AMRAP：as many reps as possible の略。できるだけ多くの回数を行う

体を休ませるための
ボリュームディロード

9WEEKプログラムでは、8週目にボリュームディロードを取り入れています。これはトレーニングの強度は変えずにセット数だけを落とす方法で、翌週に記録を更新するために体を休ませるという目的があります。8週目にぐっとセット数を下げることで体力を蓄え、翌週に最大出力をぶつけるという理論です。

トレーニング強度（重量）とボリューム両方を落とすディロードもありますが、ボリュームのみを落とすことで、扱う重量自体は重くなっているにもかかわらず、体は楽に感じるというメリットがあります。強度自体は低下していないので、9週目にむけて疲労だけを取り除くことができます。

どうしても8週目がきつく感じる場合には、メインリフトのRep数を1Rep減らすことや、メインリフト以外のRPEを2段階下げるなどして対応してください。

■ディロード期のメンタルリカバリー

ディロード期間中は身体だけでなく、メンタルの回復も重要なポイント。トレーニングボリュームを一時的に緩めることで、精神的な疲労も回復させることができる。特に、集中力やモチベーションが低下していると感じる時期こそ、トレーニングの強度を調整することで、心身ともにリフレッシュできるチャンスである。トレーニング時間を減らすことで心の回復も促進され、次のトレーニング段階に積極的に臨めるようになる。

WEEKLY TOTAL VOLUME(SET)

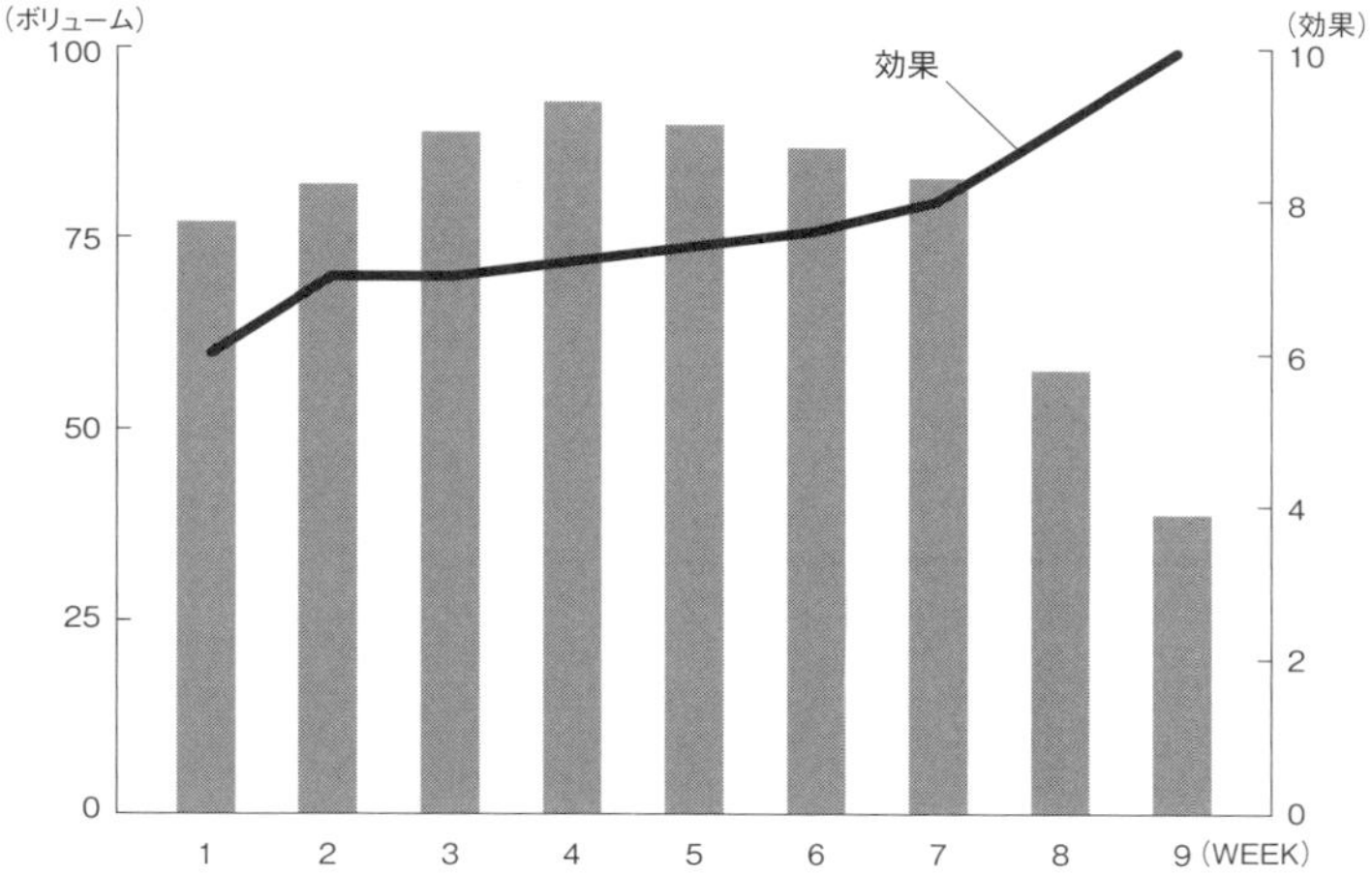

主なメインリフト種目

ベンチプレス

バーチカルプレス

デッドリフト

スクワット

≫プログラム最終週にAMRAPで記録更新に挑戦

プログラム最終週の9週目には、AMRAPで記録更新に挑戦します。AMRAPとはas many reps as possibleの略で、何回できるかの記録を更新するチャレンジとなります。

その際、RPEが9・5～10となる回数まで挑戦することを心がけてください。極力つぶれないほうが良いですが、安全のためにもセーフティーバーや補助者は必ずつけるようにしましょう。

また、スクワットならフルスクワット、ベンチプレスならバーを胸まで降ろす、バウンドさせない、お尻を付けるなど、正しいフォームで扱える重量で取り組んでください。なおデッドリフトはヒップヒンジ種目のため床引きで行うのが最も効果的ですが、トレーニング環境によって禁止されている場合もあるでしょう。その場合はセーフティーバーを一番下に設定した状態で実施してください。

■AMRAPは安全対策が最優先

AMRAPでは、高負荷・高疲労度に達するため、安全対策が重要になる。高い強度のトレーニング時には補助者（スポッター）の存在やセーフティバーの設置をすることによって、仮に挙上が困難になってもスムーズにバーを受け止められれば、怪我のリスクを最小限に抑えられる。AMRAPは自分の限界を探る重要なテストだが、周到な準備こそ最大限のパフォーマンスと安全を確保するカギである。

RM法やRPEを用いて推定1RMを算出

ベンチプレス

重量／回数	2	3	4	5	6	7	8	9	10	11	12
67.5	71	73	74	76	78	79	81	83	84	86	88
70	74	75	77	79	81	82	84	86	88	89	91
72.5	76	78	80	82	83	85	87	89	91	92	94
75	79	81	83	84	86	88	90	92	94	96	98
77.5	81	83	85	87	89	91	93	95	97	99	101
80	84	86	88	90	92	94	96	98	100	102	104
82.5	87	89	91	93	95	97	99	101	103	105	107
85	89	91	94	96	98	100	102	104	106	108	111
87.5	92	94	96	98	101	103	105	107	109	112	114
90	95	97	99	101	104	106	108	110	113	115	117
92.5	97	99	102	104	106	109	111	113	116	118	120
95	100	102	105	107	109	112	114	116	119	121	124
97.5	102	105	107	110	112	115	117	119	122	124	127
100	105	108	110	113	115	118	120	123	125	128	130

スクワット

重量／回数	2	3	4	5	6	7	8	9	10	11	12
65	69	71	73	75	77	79	81	83	85	86	88
67.5	72	74	76	78	80	82	84	86	88	90	92
70	74	76	78	81	83	85	87	89	91	93	95
72.5	77	79	81	83	86	88	90	92	94	96	99
75	80	82	84	86	89	91	93	95	98	100	102
77.5	82	84	87	89	91	94	96	98	101	103	105
80	85	87	90	92	94	97	99	102	104	106	109
82.5	87	90	92	95	97	100	102	105	107	110	112
85	90	93	95	98	100	103	105	108	111	113	116
87.5	93	95	98	101	103	106	109	111	114	116	119
90	95	98	101	104	106	109	112	114	117	120	122
92.5	98	101	104	106	109	112	115	118	120	123	126
95	101	104	106	109	112	115	118	121	124	126	129
97.5	103	106	109	112	115	118	121	124	127	130	133
100	106	109	112	115	118	121	124	127	130	133	136

≫プログラムで行う種目
スクワット

スクワットを週に2回行う場合は、ハイバーやローバーなどのバリエーションを付けて行うことを推奨します。例えばDay2をローバースクワットで行い、Day4をハイバースクワットやフロントスクワットに変えて行うと、肩や肘の負担を軽減することができます。

スクワットを行っても腰、肩、肘などどこも痛くならない場合は、Day2とDay4で変える必要はありません。どちらも同じ種類のスクワットで構いません。また腰に強い不安があり、そもそもスクワットが厳しい人は、レッグプレスで代用しても構いません。その際なるべく可動域を大きく取ることを意識してください。

■スクワットはあくまで選択肢のひとつ

バーベルスクワットは代表的な下半身強化の種目ですが、絶対にバーベルスクワットをしなければならないというわけではない。腰や関節に不安があるなら、レッグプレスやハックスクワット、スミスマシンスクワットなどの種目を選ぶのもひとつの手段。身体の状態に合った種目を選ぶことが、長期的な筋肥大・筋力向上には重要だ。下半身の筋肉をしっかり狙えれば、どのスタイルでも十分に成果を得られるので、自分に合う方法で継続していこう。

□ ローバー

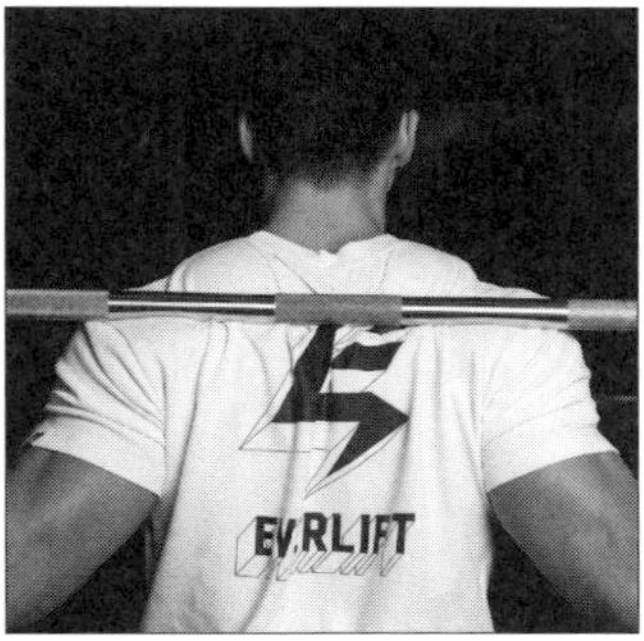

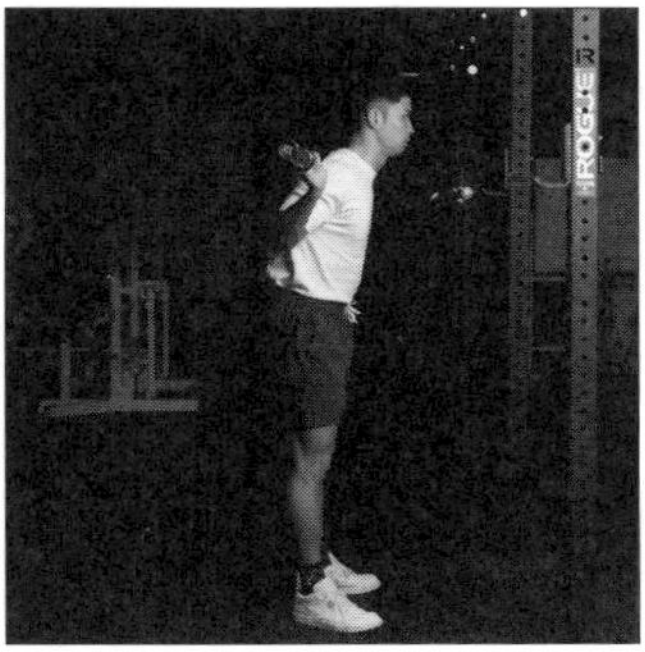

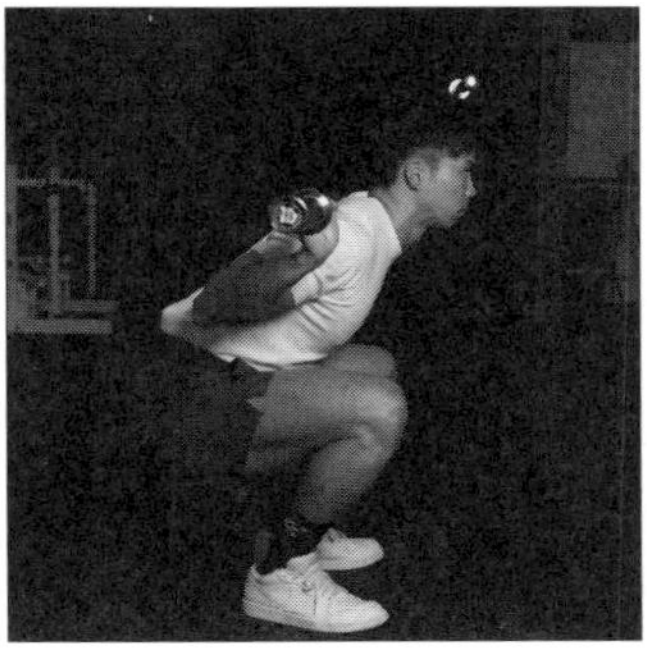

□ ハイバー

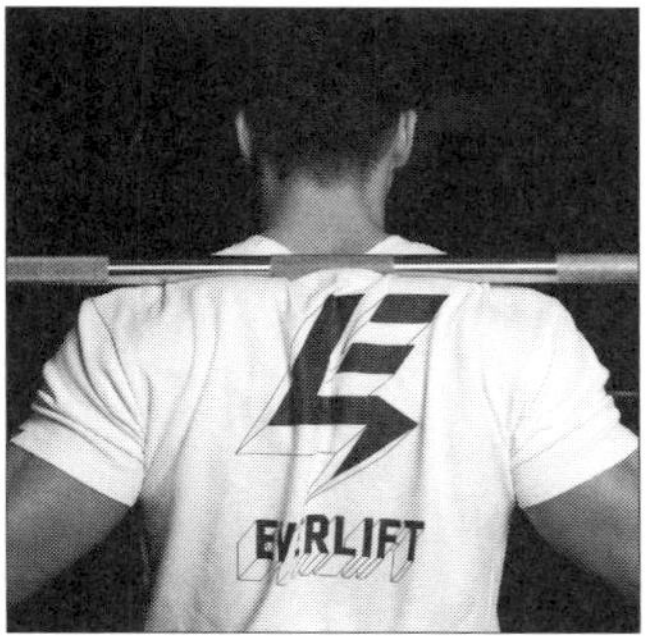

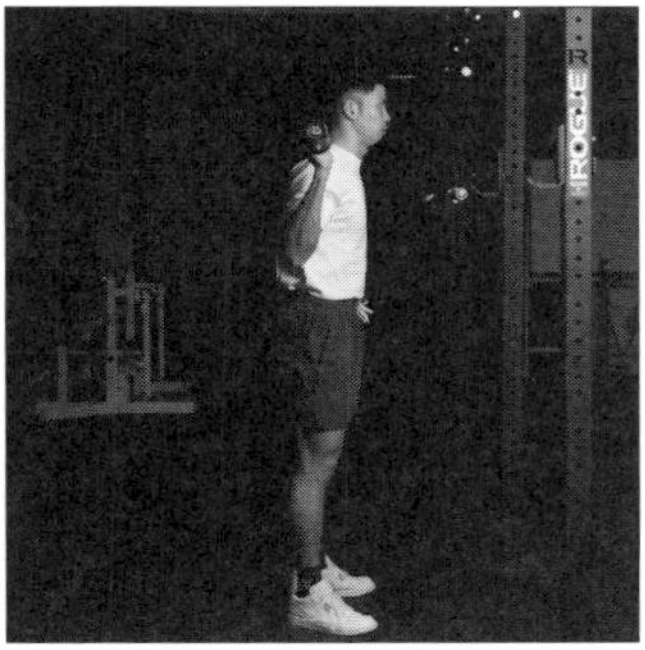

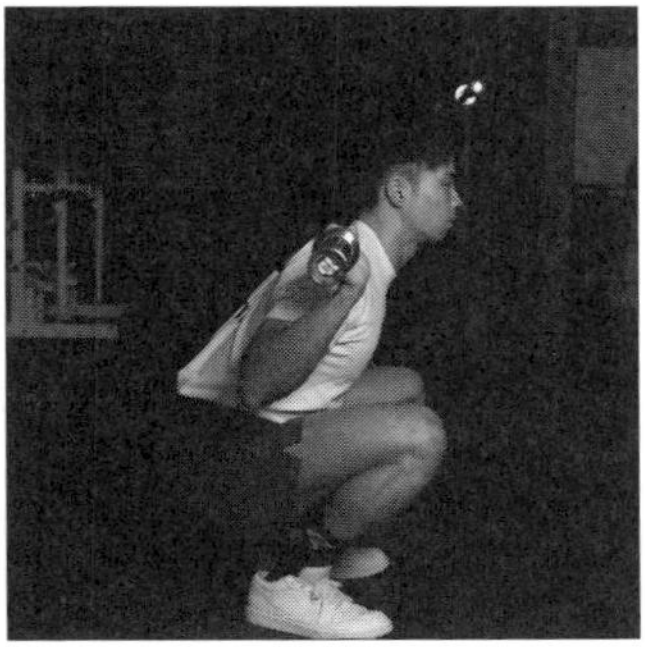

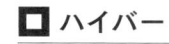

プログラムで行う種目
懸垂

懸垂に取り組む際は、指定のRPEになるよう重量を調節して行ってください。自重での懸垂が軽すぎる場合は加重するとよいでしょう。

自重での指定セットを行うことができない人は、ゴムバンドを使ったバンドアシスト懸垂を行ってください。最後のセットまで自重でできなかった場合、最後の1セットだけゴムバンドを使って行うなどしてもかまいません。

また、ジムにアシストチンニングマシンがある場合は、そちらを使っても問題ありません。それでもきつい場合は、ネガティブ懸垂などから始めましょう。

■ネガティブ懸垂

ネガティブ懸垂とは、ジャンプして体をトップポジションまでもっていき、その後ゆっくりと降ろす懸垂のこと。

■バンドアシスト懸垂の効果的な進め方

懸垂がまだ難しい場合、アシストマシンが使えるならそれを活用しよう。マシンがないときは、強度の高い（太め・張力の強い）ゴムバンドから始めて、徐々に弱いものに切り替えていく方法が有効である。バンドのサポートを段階的に減らしながら自力で体を引き上げる感覚を覚え、最終的にはノーアシストの懸垂へ移行するのが目標だ。筋力を伸ばすうえでは負荷を徐々に増やしていく"プログレッシブ・オーバーロード"が重要とされており、バンドアシスト懸垂の段階的な強度調整はこの原則に沿った取り組みと言える。

懸垂ができない場合のトレーニング

バンドアシスト

膝付きラットプル

膝付きラットプルは通常のラットプルダウンを膝立ちで行う方法で、正座に近い姿勢になる分、懸垂に近い形で体幹の安定が求められるのが特徴。

≫プログラムで行う種目　バーチカルプレス・デッドリフト

バーチカルプレスとは、下から上に押す系の種目のことを指します。代表的な種目としてはダンベルショルダープレスやマシンショルダープレスなどが挙げられます。パワーリフターやスポーツ系の補助種目として取り組む人は、立った状態でのバーベルショルダープレスを行いましょう。

デッドリフトは基本的にはコンベンショナルデッドリフト推奨ですが、体の比率や特徴は人によって異なるので、コンベンショナルデッドリフトが厳しい場合はスモウデッドリフトで行っても構いません。また、ルーマニアンデッドリフトを行っても問題ありません。

ルーマニアンデッドリフトを週に2回行う場合は、1回をバーベル、もう1回をダンベルで実施しましょう。また腰に不安がある人などは、Day4をデッドリフト以外の種目に変えて行ってください。

■バーチカルプレスの取り入れ

バーチカルプレス系種目は肩の筋力・安定性を高めるうえで重要だ。ダンベルやマシンなど多彩なバリエーションを使うことで、三角筋や僧帽筋などを効率的に刺激できるのが特徴である。ただし、肩の違和感や痛みがある場合は無理をせず、可動域を狭めたり、軽めの負荷から始めたりしてフォームを安定させよう。肩甲骨をしっかり下げ、脇を開き過ぎず、肘と手首が一直線になるように意識することで、肩への過度な負担やインピンジメントのリスクを軽減しながら、安全かつ効果的にトレーニングを進められる。

■ バーチカルプレス、デッドリフト

ダンベルショルダープレス

マシンショルダープレス

コンベンショナルデッドリフトのフォーム

コンベンショナルデッドリフトのフォーム。お尻を前に突き出すようにする

コンベンショナルデッドリフトの代替種目のひとつであるルーマニアンデッドリフト（コンベンショナルデッドリフトと違い股関節を下げないよう上半身を深く倒して行う）

コンベンショナルデッドリフトの代替種目のひとつであるダンベルルーマニアンデッドリフト

BIG3における適切な重量設定

9WEEKプログラムでは参考重量を設定しているので、BIG3は基本的にこの重量設定にしたがってください。なお、その日のコンディションに応じて2・5kg程度の増減は問題ないですが、一度設定したBIG3の最大重量は最後まで固定で取り組む必要があります。

設定したBIG3の最大重量が、トレーニング休止明けの筋力が低下している状態で測定したものだと後から気づいたとしても、変えずにプログラムを完遂しましょう。

また、重量が重すぎるなどの理由により、メインセットの指定のRPEを超えてしまった場合は、Backoffセットを少し多めに落としてください。

■設定と実際のRPEが異なった場合

例えば、参考重量では「115kg・5reps・RPE8」と設定されていても、実際にはRPE9となってしまった場合には、Backoffセットの参考重量が107.5kgであっても、−2.5kgの105kgでセットを組む。

9WEEKSプログラムの重量設定の例

WEEK1 Day1

部位	種目	RPE	%RM	Sets	Rep Range	インターバル	参考重量
四頭尻	スクワット	6	80%	1	4	3-5	185.0kg
	Backoff	97%	78%	3	4	–	180.0kg
胸	バーベルベンチプレス	6	78%	3	4	3-4	155.0kg
	Backoff	97%	75%	4	5	3-4	150.0kg

WEEK1 Day2

部位	種目	RPE	%RM	Sets	Rep Range	インターバル	参考重量
胸・三頭	ナローベンチプレス	6	70%	1	7	3-4	140.0kg
	Backoff	97%	68%	3	–	–	135.0kg

WEEK1 Day3

部位	種目	RPE	%RM	Sets	Rep Range	インターバル	参考重量
ハム尻	デッドリフト	5	76%	1	5	3-4	212.5kg
	Backoff	92%	70%	3	5	–	195.0kg
肩	バーチカルプレス	6	75%	1	6	3-4	65.0kg
	Backoff	95%	74%	3	6	–	62.5kg
四頭尻	ハイバースクワット	6	72%	1	8	2-3	145.0kg
	Backoff	97%	70%	2	8	–	140.0kg

≫BIG3以外の種目の適切な重量設定

BIG3以外の種目でRPEが指定されている場合、9WEEKプログラムでは指定されたRPEに合わせて2セット目以降も行います。そのため、セット後半になるにつれて通常レップ数は減少しますが、問題ありません。もし、どうしてもRPE10以上になってしまうようなセットがあれば、少し重量を落として取り組みましょう。

BIG3以外の重量設定もあくまで目安であり、すべてのセットにおいて正しいフォームで行うために最初から追い込み過ぎないことが大切なので、細かく気にする必要はありません。少し調子の悪い日があったとしても、トレーニングをやめるという選択をせずに、RPEを調節するなどして取り組むことができます。

■好調な日は少し挑戦、悪い日は無理せず調整

トレーニングでは、調子の悪いときに重量やセット数を下げることも大切。ただし、体調が良い日は思い切って少し重めに挑戦してみよう。睡眠不足や食事の偏りはパフォーマンスを下げる原因にもなるため、日頃から十分な休養と栄養を確保することが重要である。好調な日を増やす意識を持てば、自然と扱える重量も伸びていく。調子のよい日をつくって重量を伸ばす。そのためのRPEを用いたプログラムである。

9WEEKプログラムの重量設定の例

WEEK1　Day1

部位	種目	RPE	%RM	Sets	Rep Range	インターバル
背中	ラットプルダウン	7		3	9~11	2-3
背中	チェスト サポーテッドロウ	7		3	9~11	2-3
肩	サイドレイズ	8		3	12~14	1-2
三頭	ライイング トライセプスEX	8		3	10~12	1-2
二頭	ダンベルカール	8		3	10~12	1-2
腹筋	アブローラー	8		2	12~15	2-3

WEEK1　Day2

部位	種目	RPE	%RM	Sets	Rep Range	インターバル
四頭 ハム尻	ブルガリアン スクワット	7		3	12~14	3-4
ハム尻	ルーマニアン デッドリフト	7		3	10~12	2-3
背中	ワンハンドロウ	7		3	6~8	2-3
胸	ケーブルフライ	8		3	10~12	1-2
肩	ケーブルサイドレイズ	8		3	12~15	1-2
二頭	インクライン ダンベルカール	8		3	10~12	1-2

WEEK1　Day3

部位	種目	RPE	%RM	Sets	Rep Range	インターバル
背中	懸垂	7		3	6~8	2-3
肩	フェイスプル	8		3	15~20	1-2
カーフ	スタンディング カーフレイズ	8		3	15~20	1-2
腹筋	レッグレイズ	8		2	15~20	2-3

トレーニングの重量の目安 RPE（主観的運動強度）

RPE（＝Rating of Perceived Exertion）とは、直訳すると「主観的運動強度」であり、自分がどれくらいキツいと感じたかを基準に扱う重量を決めるという考え方です。

RPE10がもうこれ以上1回も、1kgも上がらない重量を指します。あと1回できそうな場合はRPE9、あと2回できそうな場合はRPE8、あと3回できそうな場合はRPE7、という形で下がっていきます。そのため、100kg1回が最高重量の人が、なんとか100kgを1回上げた場合も、80kgを10回あげてもう1回も上がらない場合も同じくRPE10となります。

トレーニング初心者はなんとなくの感覚とRM法に基づいておおよそのRPEを決めますが、中上級者になってくると自分の限界が自然と分かるようになると思います。

なぜRPEを用いてトレーニングを行うのか

RPEを採用している理由は、個人差やその日ごとの体調の違いを加味するためです。例えば、同じ筋量の人であっても高重量を低回数あげることが得意な人もいれば、低重量を高回数あげることが得意な人もいます。そのためRM法を用いて重量と回数を指定してしまうと、人によって追い込み方に個人差が生じてしまいます。トレーニングにRPEを取り入れることで、追い込み過ぎず適切な負荷をかけることができます。

また、仕事が忙しくて十分な睡眠時間を確保できなかった日や食事を摂ることができなかった日などと比べ、十分な睡眠時間と食事を確保できた日では、扱える重量に差が生じることは当然です。RPEを用いることで、その日の調子に合わせて重量を増減できます。そのため少しでもよい状態でトレーニングに臨めるコンディションが大切です。

■RPEでしっかり追い込む重要性

RPEは「あと何回できるか」を自分の感覚で測る指標だが、その数値を過小評価しすぎると十分なトレーニング効果を得られない。特にスクワットやデッドリフトなど下半身の種目では、精神的な疲労感で過小評価しがちだ。「死ぬ気でどうがんばっても、あと何回しかできない」と思える強度で設定することが、筋力向上や筋肥大を最大化するカギになる。ぬるい強度に終わらずしっかり追い込む姿勢が、結果を左右すると言えるだろう。

RPE7−8の設定でトータルボリュームを稼ぐ

9WEEKプログラムでは、大部分の種目をRPE7−8で設定しています。筋肥大を目指すうえでは、単に重量を重くしたり限界まで追い込むだけでなく、「重量×レップ数×セット数」のトータルボリュームを最適化することが重要です。RPE（自覚的運動強度）を7−8程度に設定することで、やりすぎによる疲労やフォームの乱れによるケガのリスクを抑えつつ、十分なトレーニング刺激を与えられます。毎セットをRPE10まで追い込むと、疲労が蓄積しやすく、怪我のリスクも上がり結果的に1週間単位の総合ボリュームを維持しにくくなる場合があります。

一方で、RPEを7−8に設定して「まだ2−3回は挙げられそう」な余力を残すといっても、フォームを崩したり手を抜くわけではありません。正しい動作と適切な可動域を守りながら、最後の数回でしっかり筋肉に刺激を与えることが、持続的な筋肥大につながります。

筋肥大に有効なトータルボリュームの求め方

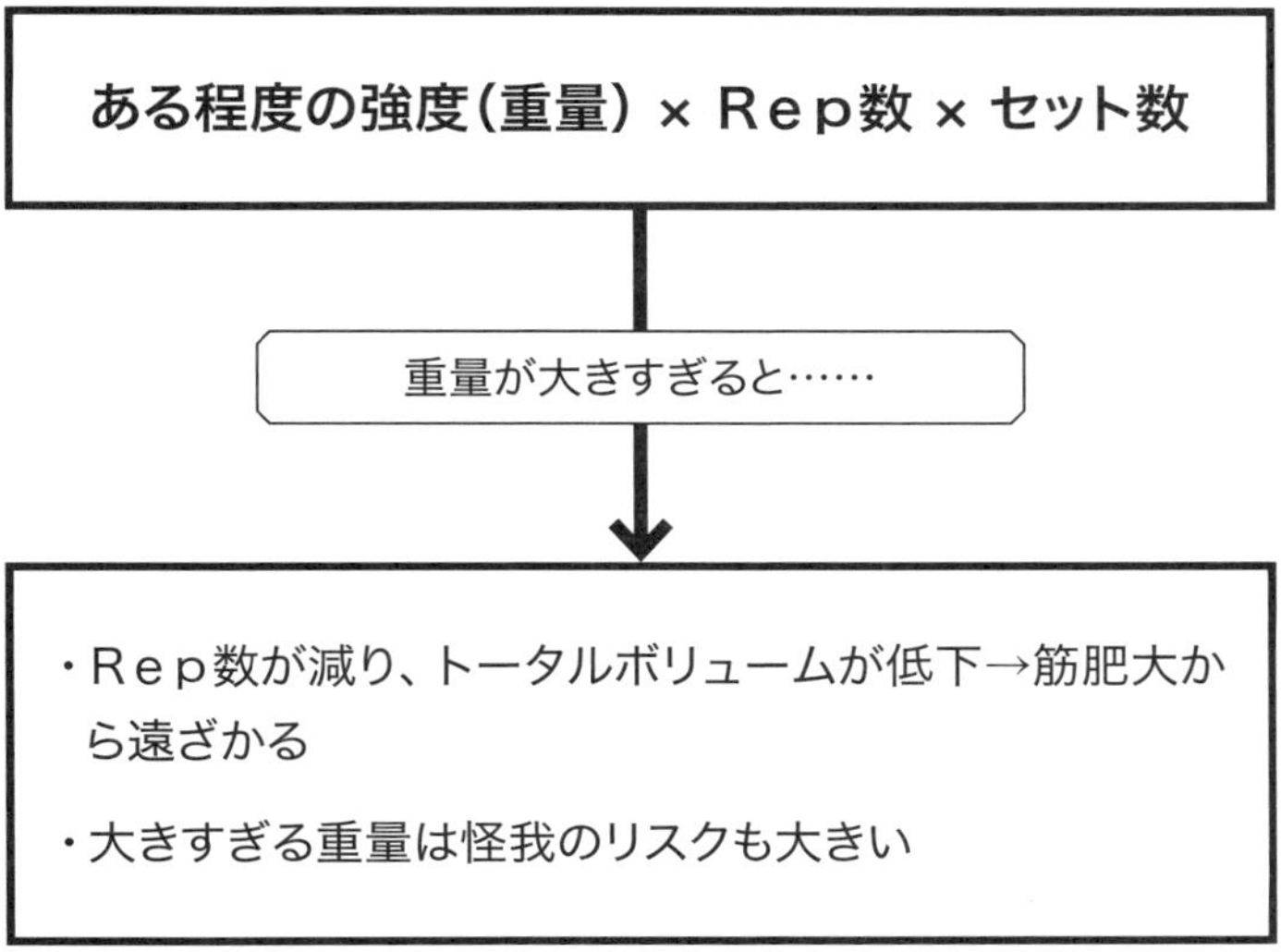
ある程度の強度（重量）×Rep数×セット数
重量が大きすぎると……
・Rep数が減り、トータルボリュームが低下→筋肥大から遠ざかる
・大きすぎる重量は怪我のリスクも大きい

■RPEで安定したトレーニングを

トレーニングを限界まで追い込む方法も、RPEで余力を残す方法も、有効性が研究で示されている。限界まで追い込むほど短期間で強い刺激を得られる一方、疲労の蓄積やケガのリスクが高まりやすい点がデメリット。逆にRPEで余裕を持たせれば、フォームの維持や継続性を確保しやすく、トータルボリュームを安定させられるメリットがある。本プログラムは後者を重視し、毎回のトレーニングを安定した質で続けやすいよう工夫している。

≫ パフォーマンスを向上させるウォームアップのやり方

ウォームアップの主な目的は、コア体温（体の内部の温度）を上げることでパフォーマンスを向上させ、怪我のリスクを軽減することです。暑すぎず、寒すぎない適温を調節し、トレーニングに臨みましょう。

特に、早朝トレーニングを行う場合には、5分〜10分の低中等度の強度の有酸素運動を行ってから始めることが大切です。

もしくは有酸素運動の代わりに、自重やバーだけのスクワットなどを軽めに行うことで体温を高めましょう。

ウォームアップ

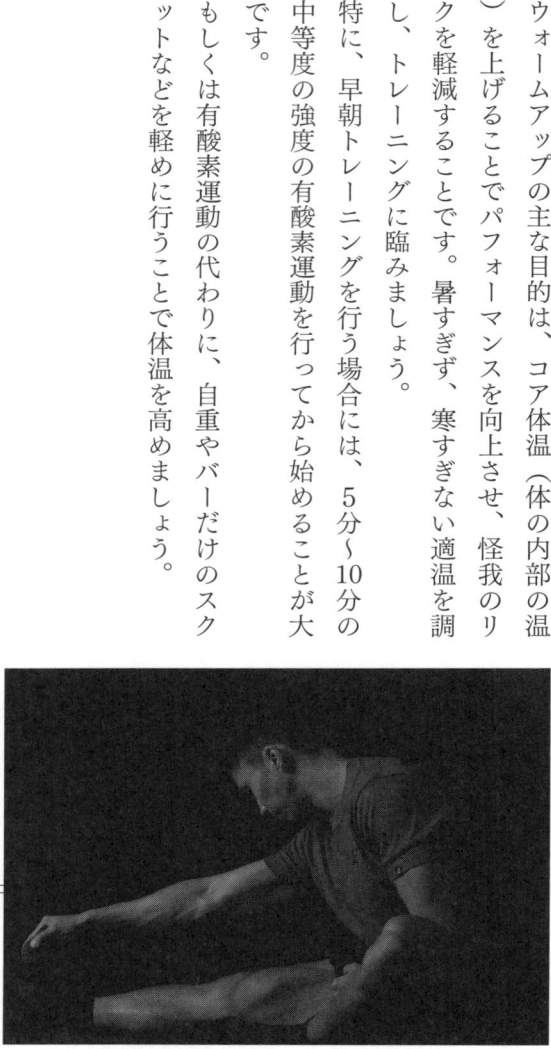

■ ベンチプレス前のウォームアップの例

①TYMエクササイズ

・チューブを持って肩甲骨を寄せる意識で開く　15回

・肩甲骨を斜め下に動かす意識で左右それぞれ開く　各15回

・チューブを持ってバンザイした状態で背中側に下げる　15回

②胸椎の回旋運動

・横向きに寝る。上側の手を「前ならえ」のようにまっすぐ前に出し横にひねる、左右10回ずつ。肩甲骨の内側をひねり、目線は指先を追う

・次は手を上に回した状態で左右10回。目線は同じく指先を追う

③スリーパーストレッチ

・肩の後ろがしっかり伸びた状態で左右20秒ずつ

■マッサージの効果

近年の研究によれば、フォームローラーを用いたセルフマッサージは筋膜や筋肉の柔軟性を高め、可動域を向上させる効果があるとされている。しかも、その後の筋力発揮やパフォーマンスを低下させにくいことも報告されている。ケガのリスクを抑えつつスムーズに高負荷トレーニングへ移行したいときは、ウォームアップ前後に1カ所あたり30〜60秒程度、フォームローラーをゆっくり当ててほぐすのがおすすめだ。

BIG3を行う前のウォームアップ重量

ＢＩＧ３の各種目を行う前には、ピラミッド式のウォームアップを行うようにしましょう。

ピラミッド式とは重量を少しずつ上げるセットの組み方です。はじめはバーのみでスタートして徐々に重量を増やしていき、最終的にメインセットに到達するというセットです。その際、重量を増やすと同時にＲｅｐ数は減らしていきます。バーのみで１０Ｒｅｐ行ったとしたら、次の重量では８Ｒｅｐ、その次の重量では６Ｒｅｐ、のように徐々に減らしていきます。これは疲れすぎを予防するためです。

ウォームアップの本来の目的はメインセットを万全のコンディションで行うこと。そのため、アップの段階から高Ｒｅｐで行ってしまうと、メインセットの前に疲れすぎてしまい、１００％の力を発揮できなくなってしまいます。

■ウォームアップの重要性

ウォームアップは筋肉や関節を温めるだけでなく、中枢神経系を活性化し、メインセットで効率よく筋力を発揮するためにも重要である。NSCA（全米ストレングス&コンディショニング協会）のガイドラインによれば、軽い重量を段階的に扱う「ピラミッド式」のアップはフォーム確認にも役立ち、急激な負荷による怪我のリスクを抑えられるとされている。さらに、ウォームアップで血流を促進し、可動域を広げておくと、最大筋力だけでなく爆発的なパワーの発揮もサポートする。

BIG3のウォームアップの重量

重量	回数
バーのみ	10
40%	8
50%	6
60%	5

重量	回数
70%	3
80%	2
85%	1
90%	1

BIG3とは、ベンチプレス、スクワット、デッドリフトのこと。とくに大きな筋肉を鍛えることができるトレーニング

■適切な重量、回数で行う

多すぎるとメインセットの前に疲れすぎてしまう一方で、ウォームアップが少なすぎても万全の状態で挑めない。適切な回数で行おう。

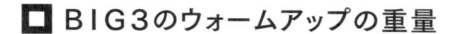

BIG3以外のウォームアップとインターバル

ダンベルカールやラットプルダウンなど、BIG3以外の種目のウォームアップは、BIG3に比べて少なくて大丈夫です。

また、インターバルに関しては、9WEEKプログラムはWEEK1－4までは重量が軽くRep数が多いので短めに、WEEK5－7は重量が大きくなるので長めにとることを意識してください。

プログラムではそれぞれの種目についてインターバルに幅を持たせて記載しているので、例えば3－5分と記載されている種目であればプログラム前半は3－4分、後半は4－5分で設定してみましょう。セット数が増減しても、範囲内でインターバルを変動させることで、トレーニング時間を調整することができます。

トレーニング時間に余裕があり、インターバルを十分に取ることができる人であれば、さらに長めに取っても問題ありません。

しっかりとインターバルを取り、よいフォームでセットを行うことを心がけましょう。

BIG3以外の種目のウォームアップ目安

重量	回数
40〜50%	8
70〜80%	3

ダンベルカールなど、BIG3以外の部分的な筋肉を鍛える際は、ウォームアップは少なくてよい

■インターバルの長さと集中力のバランス

本書ではインターバルをやや長めに設定していますが、スマートフォンを見ながら無駄に休息をとりすぎると体が冷えてしまい、パフォーマンス低下の原因になる。特にBIG3以外の種目では、インターバルをやや短めにし、集中力を切らさないようにするのも効果的。あくまで次のセットで力を出すためのインターバルなので集中力を切らさないようにしよう。

1週間で4日分やりきるのがスケジュール設定の肝

トレーニングは4日連続にならないことが望ましいですが、スケジュールの都合上難しい場合は連続になってしまっても構いません。栄養や睡眠をしっかりととるようにして、疲労を溜めないようにしてください。重要なことは1週間で4日分のトレーニングをやりきることなので、必ずしも曜日を固定する必要はありません。

疲労には、トレーニング中に実感しやすい筋疲労以外にも、神経伝達系の消耗による疲労があります。これはMAX更新時などの超高重量に挑戦した際などに起きやすいもので、脳から筋繊維にかけての神経伝達がうまく機能しなくなり、うまく筋肉が動かなくなります。

1回しかあげていないためボリュームは少ないにもかかわらず、以降のセットで急激にきつくなるのはこのためです。

トータルボリュームの観点からも頻繁なMAX挑戦は控え、プログラム

■続けやすいスケジュールこそ最強のベスト

仕事や家庭の都合で理想的な曜日・時間を確保するのが難しい場合でも、無理なく続けられる形を選ぶことが長期的な成果を得るうえでは最重要である。毎回決まった時間にできなくても、続けることこそがトレーニングではもっとも重要だ。ベストなスケジュールにこだわりすぎず、自分の生活リズムにフィットしたペースを見つけていこう。

の重量にしたがってトレーニングしましょう。

理想のトレーニングスケジュール例

例1

月	Day1
火	Day2
水	OFF
木	OFF
金	Day3
土	OFF
日	Day4

例2

月	Day1
火	OFF
水	Day2
木	OFF
金	Day3
土	Day4
日	OFF

■神経疲労が起きやすいトレーニング

超高重量低回数でのセットを行ったあとでは、筋肉よりも神経系が先に疲労しやすい。

重量を伸ばせば筋肉が増えるわけではない

9WEEKプログラムではトレーニングのボリュームがかなり多めになるよう設定しており、初心者向けではなく中上級者向けのメニューとなっています。

筋肥大を目指すうえでは、ただ闇雲に重量や回数を増やすのではなく、重量×回数×セット数を含む「トータルボリューム」を最適化することが重要です。むやみに多くこなすより、適切な重量と回数で適切なボリュームでトレーニングをし、停滞を感じたときは身体の回復が追い付く範囲で少しずつ増やしていきましょう。中上級者の場合は、1つの部位につき週あたり少なくとも10セットを行うことが推奨されていますが、初心者であればこれよりも少ないセット数でも十分に効果が得られます。セット数を増やす際はオーバーワークを防ぐため、4週間で20%を目安に段階的に上げるようにしましょう。

■フォームや可動域を維持しつつ重量をあげる

重量や回数を急激に増やしても、フォームや可動域が崩れてしまっては本当の伸びとはいえない。常に同じ可動域と正しいフォームを維持しながら、徐々に負荷を高めていく意識を持つようにしたい。急激な重量増加やセット数の増加ではなく現実的に長期的な目線で少しづつ増やしていこう。

効率よく筋肉をつくるためのFAQ

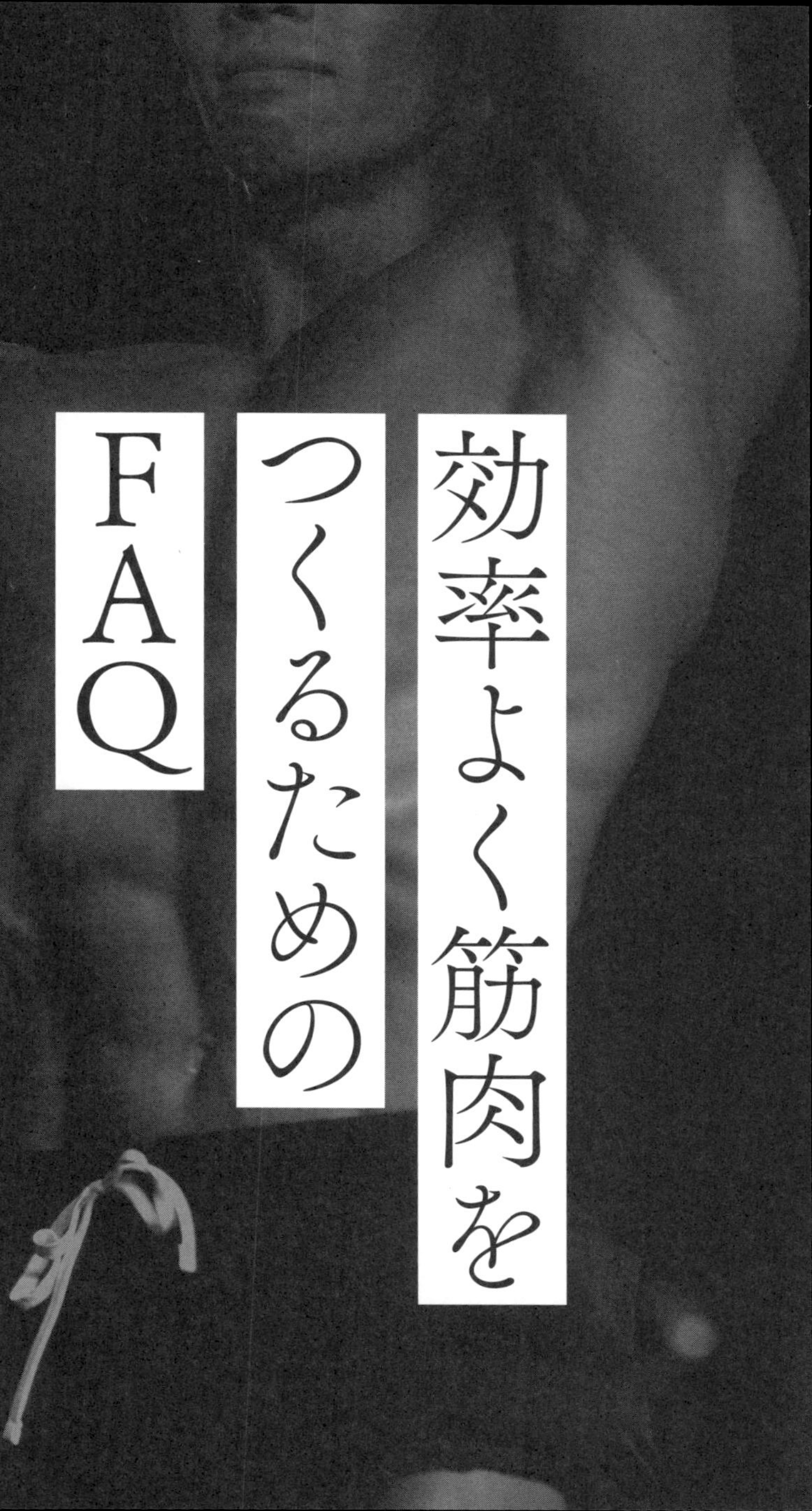

Q
Question

筋肉痛があってもトレーニングできるか？

A
Answer

まず、筋肉痛とは、関節などではなく筋肉自体に痛みがあることを指します。基本的に、筋肉痛がある時にはトレーニングはしないほうがよいです。しかし、これくらいならトレーニングできると自分で思う範囲内まで回復すれば大丈夫でしょう。

筋肉の回復の促進に有効なものをご紹介します。例えば、フォームローラーを用いたマッサージです。ほぐしたい筋肉の部位の下にフォームローラーを置き、体重をかけてゆっくりローラーを転がすことで、筋肉痛の解消を早めることができます。この時、あまり力を強くかけすぎないようにすることが大切です。強い負荷をかけると筋肉も休まりませんから、気持ちよい程度でほぐしてください。

ほかにも、食事をしっかり摂る、十分に眠る、湯船にしっかり浸かるな

■「筋肉痛＝高い効果」とは限らない

トレーニングをすると「筋肉痛が強いほど効いている」と感じがちですが、実際には筋肉痛の強さとトレーニング効果が必ずしも比例するわけではない。効率よく筋肉を成長させるためには、トレーニングの負荷を少しずつ伸ばしていく漸進的過負荷の考え方が不可欠。筋肉痛の大小よりも長期的に負荷を伸ばせているか？ を重視しよう。

ど、健康によいとされていることをきっちり行えば、筋肉の修復も早まるでしょう。

狙った部位以外の筋肉痛はどう捉えるか

トレーニング後、狙った部分以外に筋肉痛が起こり、肝心の狙いの部分には筋肉痛が起こらないという経験がある人もいるのではないでしょうか。確かに、筋肉痛は特定の部位における筋肉が刺激されたという目安にはなりますが、筋肉痛にならなかったからといって効果的なトレーニングができていないというわけではありません。

筋肉痛がたくさん起こるからといって正しいトレーニングだというわけではありませんから、狙った部分にきちんと作用しているかどうかという、目安のひとつとして捉えるとよいでしょう。

■筋肉痛の状況

例えば、大胸筋を鍛えようとしているのに腕ばかり筋肉痛になるというのは、正しく刺激できていない可能性が高い。腕が筋肉痛になっていても、胸にも同じように筋肉痛があれば、目的は正しく果たされているため、あまり気にする必要はない。

Q Question

トレーニング前・中の栄養素はどのように摂るとよい？

A Answer

トレーニングにあたって摂取するのであれば、白米やうどんといった消化のよい炭水化物が良いでしょう。ほかにも、糖質の入ったドリンクを飲むなどでも大丈夫です。トレーニングの2、3時間前にしっかりとした食事を摂っておくことは重要ですが、そこまで見越して食事する時間がないという人もいると思います。

そうした場合には、トレーニングを始める30～45分前に、コンビニで手軽に買えるものや、すぐつくれるプロテインシェイクなどでもいいので軽く摂取しておき、トレーニング時の空腹は避けましょう。

ただし、トレーニングの30～45分前で満腹になるほど食べたり、ジャンクフードなどの消化の悪そうなもので空腹を満たしたりするのも避けましょう。

■トレーニング前後の栄養摂取ポイント

アメリカスポーツ医学会（ACSM）や国際スポーツ栄養学会（ISSN）の指針によれば、トレーニング前の1～4時間に体重1kgあたり1～4g程度の炭水化物を摂取すると、エネルギー源である筋グリコーゲンの回復・維持に役立つとされている。トレーニング中にエネルギー切れを起こしがちな方はこの量を目安に摂取しよう。

アプリを用いて摂取量の基準値などを算出

私の場合、1日の総摂取カロリーは3000~3500キロカロリーほどです。朝昼晩の3度に寝る前の1食を足して1日4食にしています。たんぱく質も数種類から摂ったほうがよいと言われているのを目にしてから、毎食のメニューも極力変えるようにしています。食の飽きがこないのもよい点です。

また、「マクロファクター」というアプリを使って、食事の記録をつけるようにもしています。

糖質、脂質、たんぱく質の3つの主要栄養素の摂取バランスを「マクロバランス」と呼びます。このマクロバランスを記録し、体重の増減から基礎代謝や摂取量の基準値なども算出してくれる便利なアプリなので、客観的な指標として利用し続けています。1週間ごとに詳細なデータが算出されて、そこからの行動も立てやすいので、おすすめのアプリです。

■アプリを用いた栄養管理

アプリを使えば、タンパク質・脂質・炭水化物の比率や摂取カロリーを簡単に把握できる。スマート体重計と組み合わせることで週単位で体重や体調の変化を記録することで、過不足を早期に発見しやすくなる。マクロバランスのほか、ビタミンやミネラル、食物繊維などの微量栄養素にも目を配ると、より効率的な結果が期待できるだろう。

Q
Question

風邪気味のときにはトレーニングは中断すべき？

A
Answer

日々のトレーニングルーティンがあるとは思いますが、風邪気味の時には絶対にやらないほうがよいです。体が弱っているので、トレーニングしたとしても強度は低く、効果はほぼ見込めない上に、余計に疲れてしまって、風邪をこじらせかねません。そして、治ったと思っても、2、3日は様子を見るようにします。そこで風邪がぶり返してしまうと、何もできない状態がさらに続く可能性があるからです。

また、基本的に病み上がりの時は体重も筋力も落ちている状態です。治りかけでは胃袋も大量の食物を受け付けづらいでしょうから、トレーニングを行おうとすると、普段より少量のエネルギーしかないので、この点でも効果は薄くなります。休む時はしっかりと休み、できる時にはやるというメリハリが大切です。

■ハードトレーニングと免疫低下

適度な運動は免疫機能を高める一方、ハードなトレーニングは一時的に免疫力を下げる「オープンウィンドウ現象」を起こす可能性が指摘されている。くしゃみや鼻水など首から上だけの症状なら軽めの運動は容認されるものの、発熱や咳など首から下の症状がある場合は休養を優先すべきだ。体調不良からの回復期には、負荷の軽いメニューから徐々に強度を戻すのが望ましいだろう。

Q
Question

効果的なプロテインの摂取時間の目安は？

A
Answer

プロテインシェイクの摂取時間に決まったタイミングは特にありません。1日の目標摂取量が達成できていれば大丈夫です。以前までに言われていた「トレーニング後1時間以内に摂る」という言説はもはや定説ではないので、気にせず好きなタイミングで飲んでください。

タイミングはいつでもよいのですが、あまり極端にタイミングと量が偏らないように注意してください。例えば、1日の摂取量目安を140gと仮定して、朝起き抜けに140g摂取し、その後1日中プロテインを摂らないというのはNGです。朝30g、昼40g、夕方30g、夜40gなど、バランスのよい摂取が重要です。この摂取にも個人的な生活のサイクルなどがありますから、ここも自分のスタイルに合わせて、バランスよく配分するようにしてください。

■プロテインの消化吸収の早さ

タンパク質の消化吸収効率も筋肉合成に影響することが分かってきている。例えば、ホエイプロテインは、吸収が早いことから、トレーニング前後など早く吸収させたい場合の摂取に適しているとされている。一方、ゆっくり吸収されるカゼインや大豆由来のソイプロテインは、就寝前など長時間かけてタンパク質を供給したい場合に有効である。

Q
Question

サプリメントはどのような基準で選ぶ？

A
Answer

サプリメントは基本的に、あれこれ試し続けるというより、自分にあったものを摂っていくようにします。

私が利用しているのは「GAME CHANGER」（HALEO）というもので、国内製造で人工甘味料のアステルパームが入っていないサプリです。アステルパームが入っていると私はどうしても気持ち悪くなってしまう体質なので、これがないので使い続けられているという一面もあります。

以前は海外産のものを利用していましたが、品質が少々不安定なのと人工甘味料が大量に入っていて飲みづらかったのです。

サプリメントは自分の性質に合ったものを選んで、それで継続するというやり方がよいでしょう。

■安価な商品は要注意

安いからといって多く摂取した結果、体調不良になっては本末転倒。私は少し値は張るが国内産のものに切り替えて、今も飲み続けている。

Q Question

トレーニングベルトはどのような基準で選ぶ?

A Answer

トレーニングベルトを使うと、体幹部が固定されることでトレーニング効果が高まり、腰の負担を軽減することができますから、スクワットやデッドリフト時の装着の恩恵は大きいです。特に、1年以上トレーニングをしている人には必携のアイテムと言えるでしょう。

基本的には自分の好みに合う種類やメーカーのものを使えばよいですが、固定力を重視するなら、お腹の部分が太めになっているがっちりしたものがおすすめです。固定力が強い分お腹の圧迫感も強いので、それが気になる人は細くてやわらかいベルトという選択肢もあります。軽量で動きやすく、持ち運びもしやすいという点で、ナイロン製のトレーニングベルトは初心者にもおすすめのタイプです。

■トレーニングベルトの活用をさらに高めるポイント

トレーニングベルトは「常につけっぱなし」ではなく、スクワットやデッドリフトなど、高負荷の種目で体幹をより安定させたいときに重点的につけるのがおすすめ。軽いウォームアップ時は外して腹圧を意識的に使い、メインセットでベルトで装着することでベルトなしでもある程度腹圧をかけることができるようにしよう。

Q
Question

トレーニングを行うのに適した時間帯は？

A
Answer

トレーニングの時間は、やはり自分が継続しやすいタイミングでやるのがよいと思います。日々のルーティンとして習慣化してしまえば、継続もしやすくなります。

私の例ですが、トレーニングは早朝・夜遅く以外の時間帯で行うようにしています。単純に私自身が寝起きで動くことがきついのと、寝る前に体を動かすと眠れなくなってしまうため、この時間帯は避け、軽く昼食を摂った30～45分後に行うようにしています。

もちろん、朝から活動的に動ける人や昼には時間がないという人もいると思いますので、時間帯の設定は自分のタイミングで続けられるように行ってみてください。

■トレーニング前後の過ごし方

トレーニングを継続しやすくするためには、時間帯だけでなく「トレーニング前後の過ごし方」にも注目してみよう。たとえば、朝に行う場合はウォーミングアップを念入りにして身体をしっかり目覚めさせる、夜に行う場合は運動後にストレッチや軽いクールダウンを取り入れてリラックスする時間を確保する、といった工夫が役立つ。

Q Question

トレーニング中に違和感や痛みを覚えたら？

A Answer

例えば、上腕二頭筋を鍛えようとダンベルを上げるトレーニングをしているのに、前腕のほうに違和感を覚えたり、痛みを感じたりするなどといった場合は、その時点で一度トレーニングを中断しましょう。担いきれない負荷がかかっていたり、フォームが間違っている可能性があります。

筋肉の痛みとしては筋肉痛と筋疲労などが挙げられ、即効性の筋肉痛と筋疲労はトレーニング中に起こることもあり、区別はつきにくいかもしれません。筋疲労の場合は正しく刺激できていないので、その状態でトレーニングを継続しても疲弊するだけです。一度手を止め、再度フォームが合っているか、力み過ぎて余計な力が入っていないか確認しましょう。重量ものであれば重量を落としてみてもよいでしょう。

■早めの対処で重症化を予防

痛みを我慢して続けると、腱や関節組織を傷めて回復に時間がかかる恐れがある。違和感や軽い痛みの段階でトレーニングを中断し、フォームや負荷を見直すことが大切。早めの対処が効率よく鍛え続ける近道だ。

ACSM（アメリカスポーツ医学会）や複数の研究（Schoenfeldら, 2016）によると、筋力・筋肥大を狙ううえで、週3回程度の頻度でも合計ボリュームや種目の組み合わせをしっかり計画すれば効果は十分に得られるとされている。

Q
Question

自分の年齢の考慮はどうすればいい?

A
Answer

年齢が上がると、どうしても体力面や身体面でトレーニングが厳しくなってきます。10代前半の体もオーバーな重量には耐えられません。

どの年代にしても、トレーニングを行う際は、まず無理をせず、重量も控えめにして、フォーム重視でやることをおすすめします。少し無理して100kgのスクワットを10回、ぐちゃぐちゃなフォームでやるのと、90kgのスクワットを10回、しっかりとしたフォームでやるのとでは、与えられる刺激がまったく異なります。

重量は重ければよいというわけではないので、しっかりフォームを意識して行ってください。

■物足りないと思ったら

プログラムメニューで物足りないと考える人が自分で追加のトレーニングをすることもあるでしょう。ですが、そうしたプログラムは長期的に見た場合の効果を踏まえて調整されているもの。トレーニングを続けているうちに、途中からきつくなります。成果は出るので、トレーニングを始めた時期にメニューを追加するのは避けるべき。

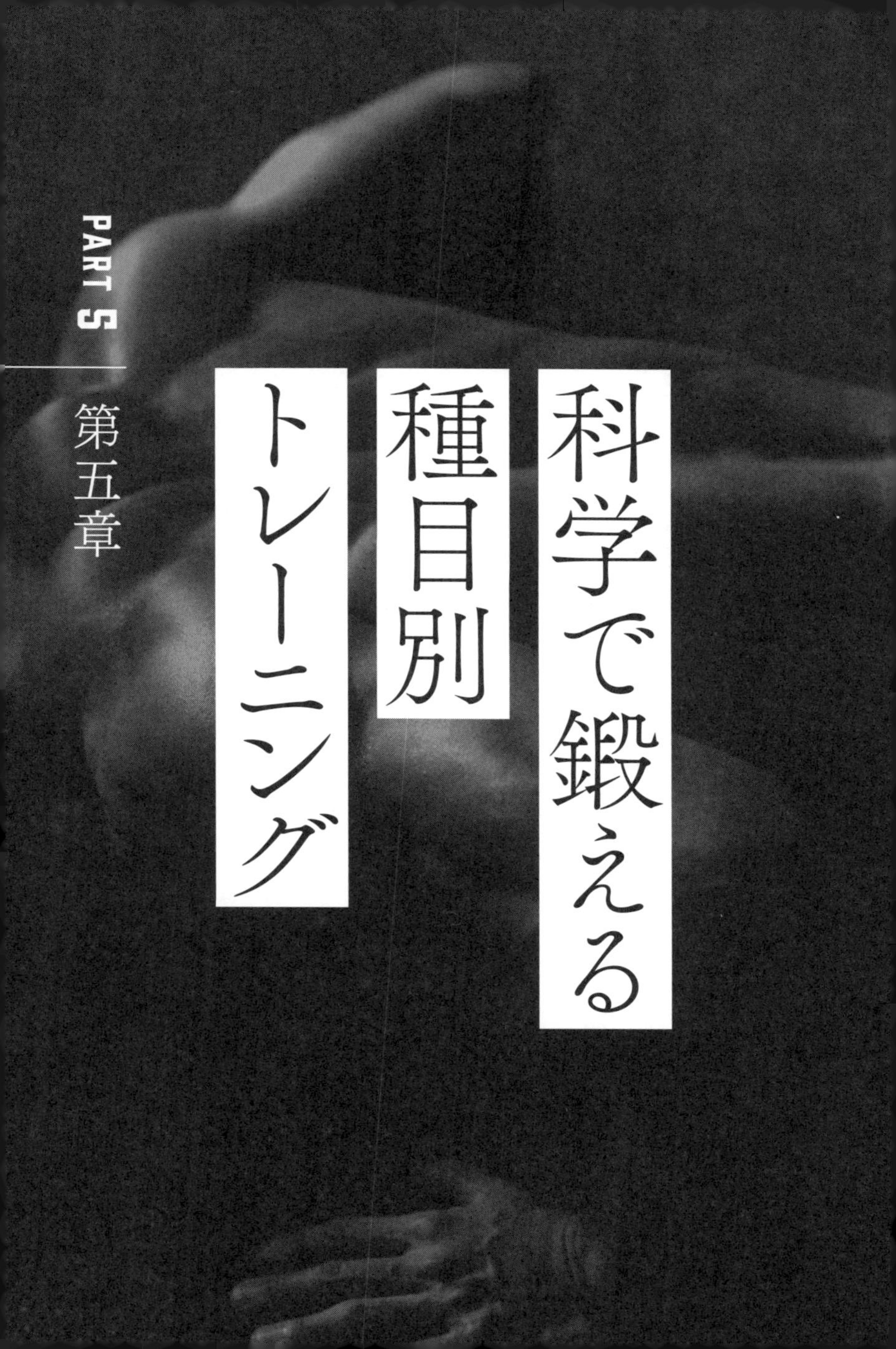

PART 5

第五章

科学で鍛える種目別トレーニング

ベンチプレス

BENCH PRESS

腕と体の角度は45度から60度、手幅は肩幅の1.5倍を目安にする

バーベルの位置は鼻の上

ベンチプレスは、大胸筋中部から下部、上腕三頭筋、三角筋前部など幅広い筋肉を動員できるコンパウンド種目です。

ベンチプレスを行う際には、目か鼻の上あたりにバーベルが来るように寝る、手首をハの字にして握る、肩甲骨を寄せて下に下げた（下制した）状態を保つようにする、といった点に留意します。

足は前ではなく頭側に向けて引く、足の裏は地面につけて力を入れやすい位置ならどこでもよいです。

また、安全のため、セーフティーバーや補助者を必ずつけて行うようにしてください。

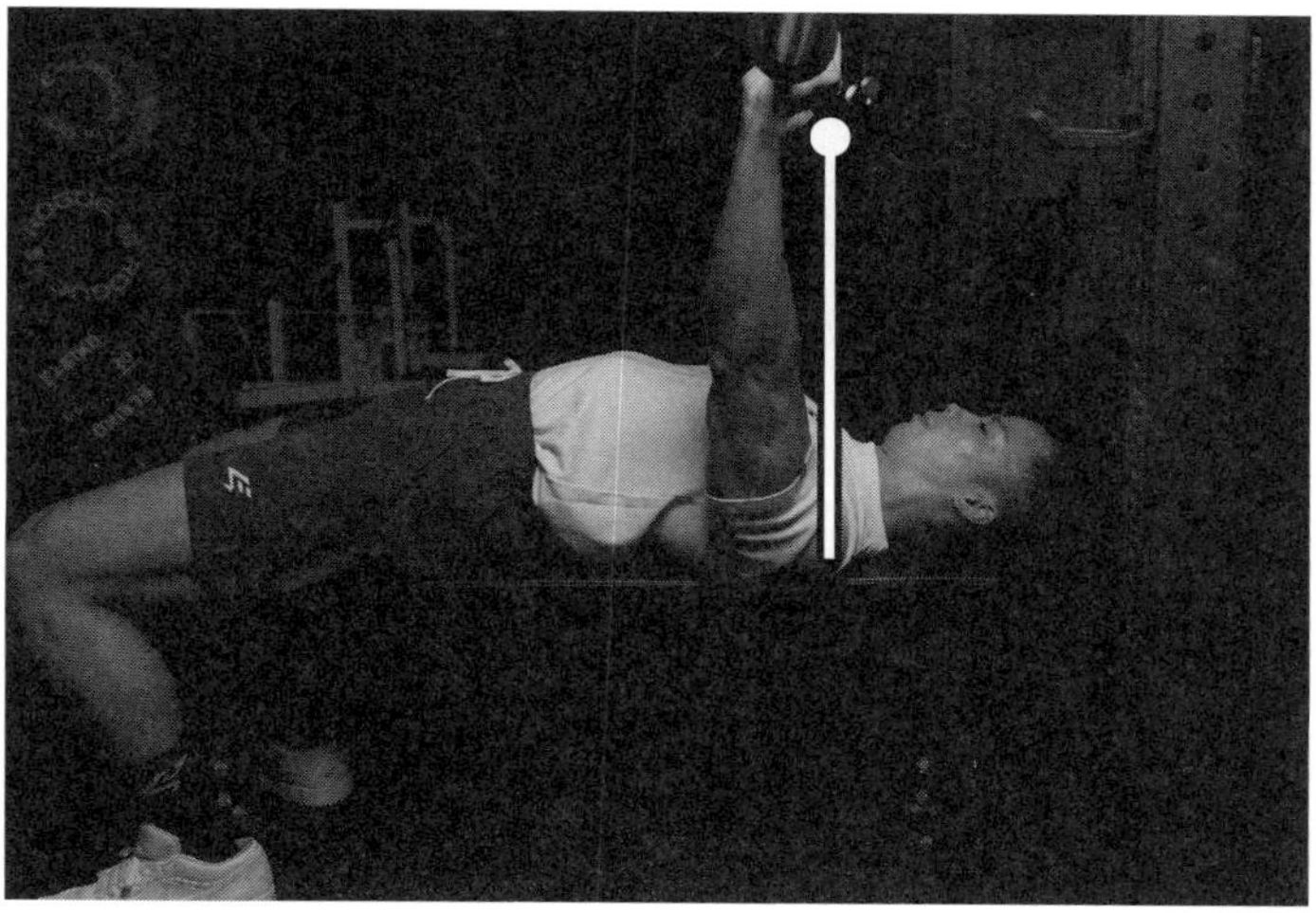

バーは肩関節の真上で楽に安定する位置に置く

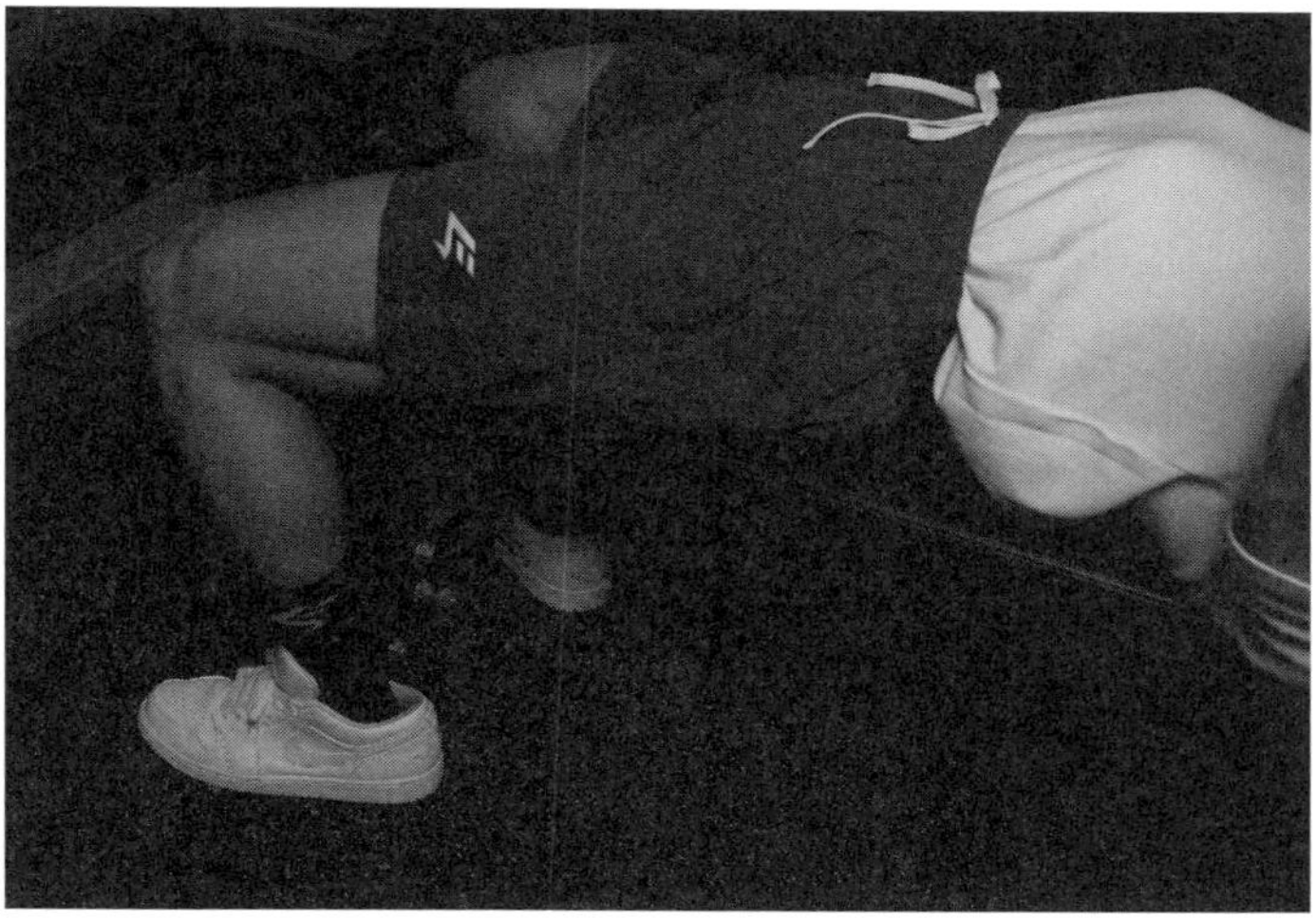

足は前ではなく頭側に引く

スクワット

SQUAT

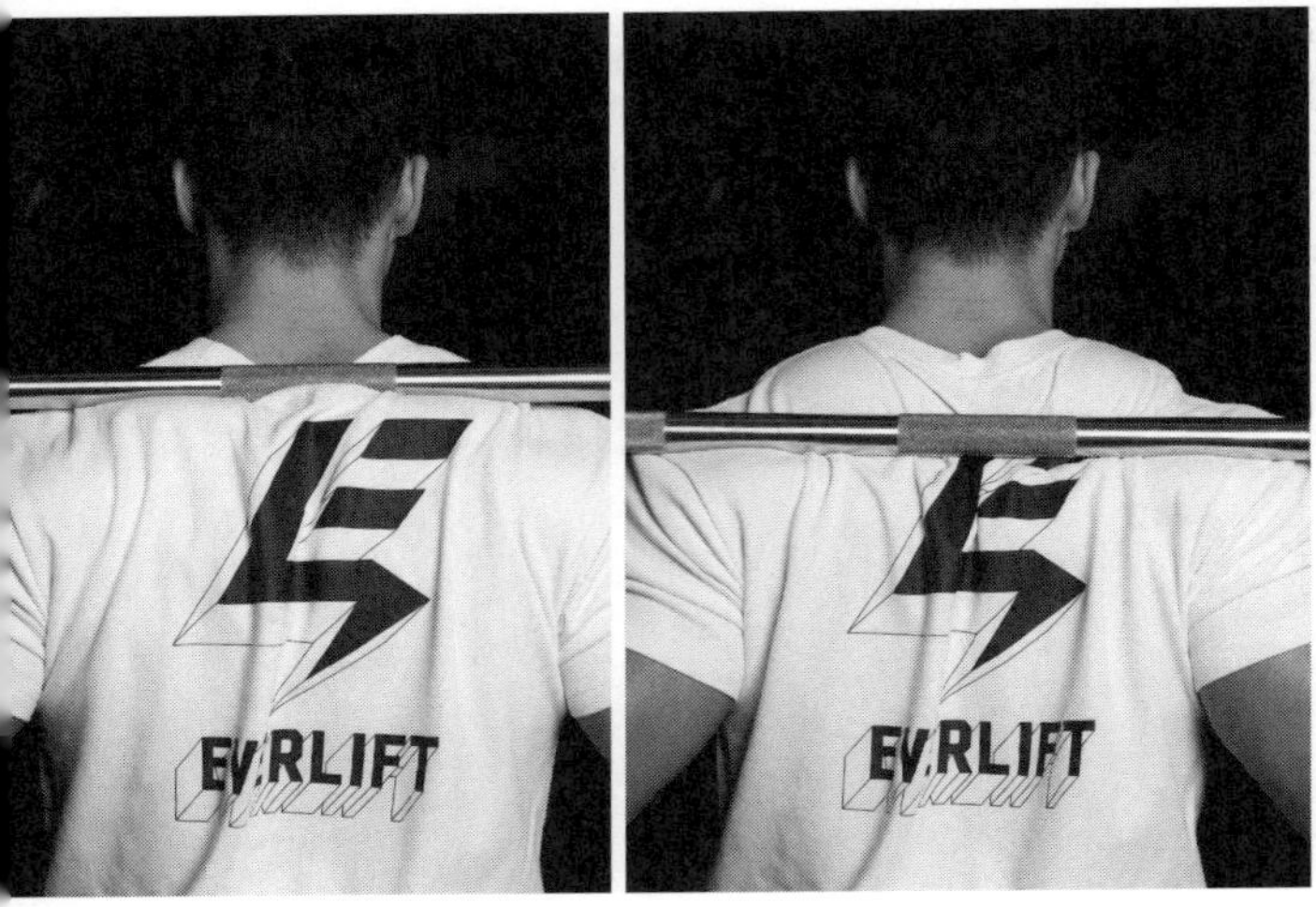

肩を下げ、ハイバーは僧帽筋上部、ローバーは肩甲骨下部あたりで担ぐ

幅広い筋肉を使う

スクワットは、大腿四頭筋やハムストリング、大臀筋などの幅広い筋肉を動員することができるコンパウンド種目です。

スクワットにはハイバーとローバーの2種類があります。ハイバーは上体をあまり傾斜させず膝を前に出します。ローバーは上体を傾斜させお尻を後ろに引きます。どちらも腿が床と平行かそれ以下になるまで深くしゃがむこと、膝を外に開きながらしゃがむことなどを意識してください。胸を張らず、肩をリラックスさせ、背中をまっすぐにしてフィニッシュします。

また、ベンチプレスと同じくセーフティーバーや補助者を必ずつけて行いましょう。

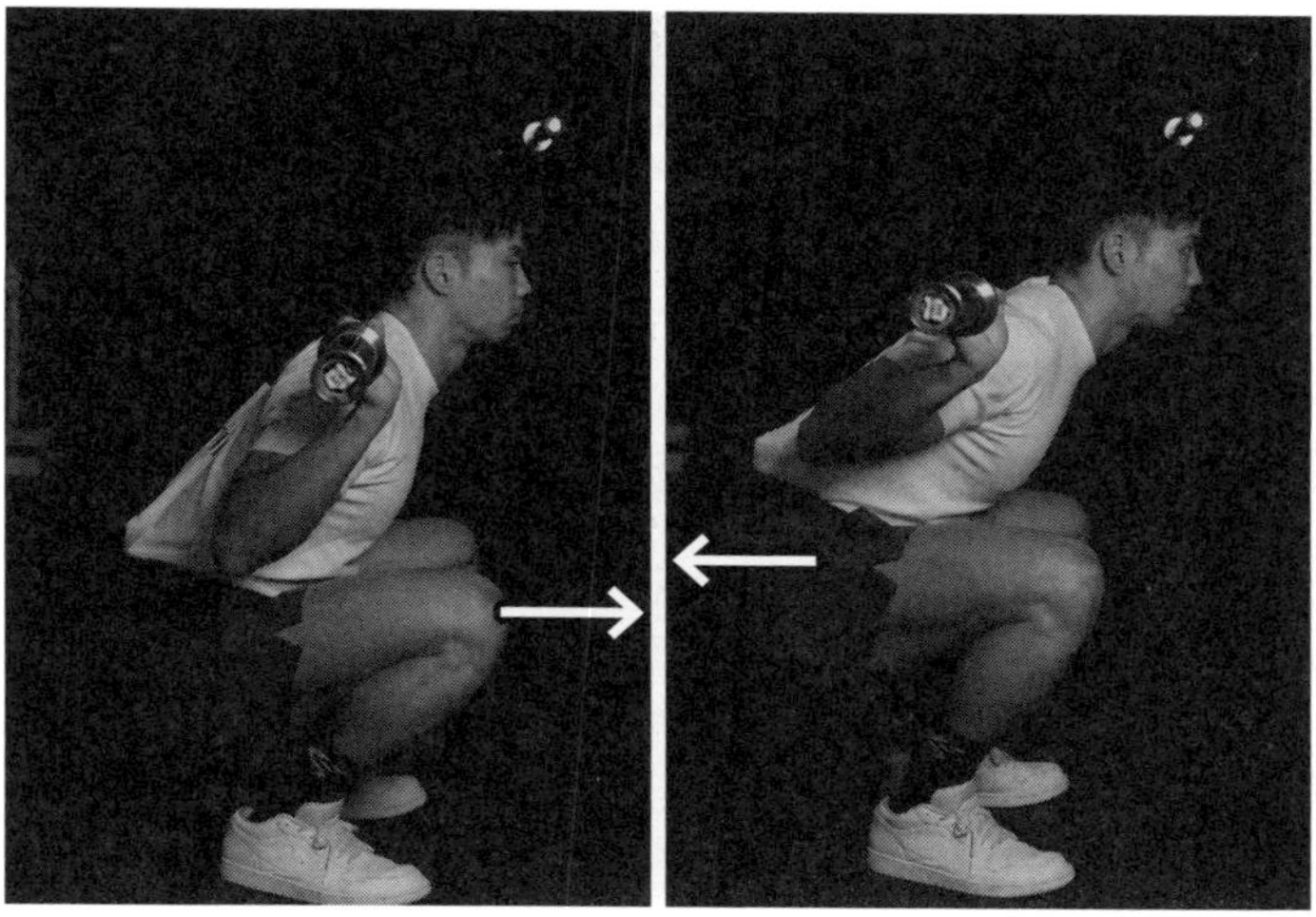

ハイバーは上体をあまり傾斜させず膝を前に出す。ローバーは上体を傾斜させお尻を後ろに引く

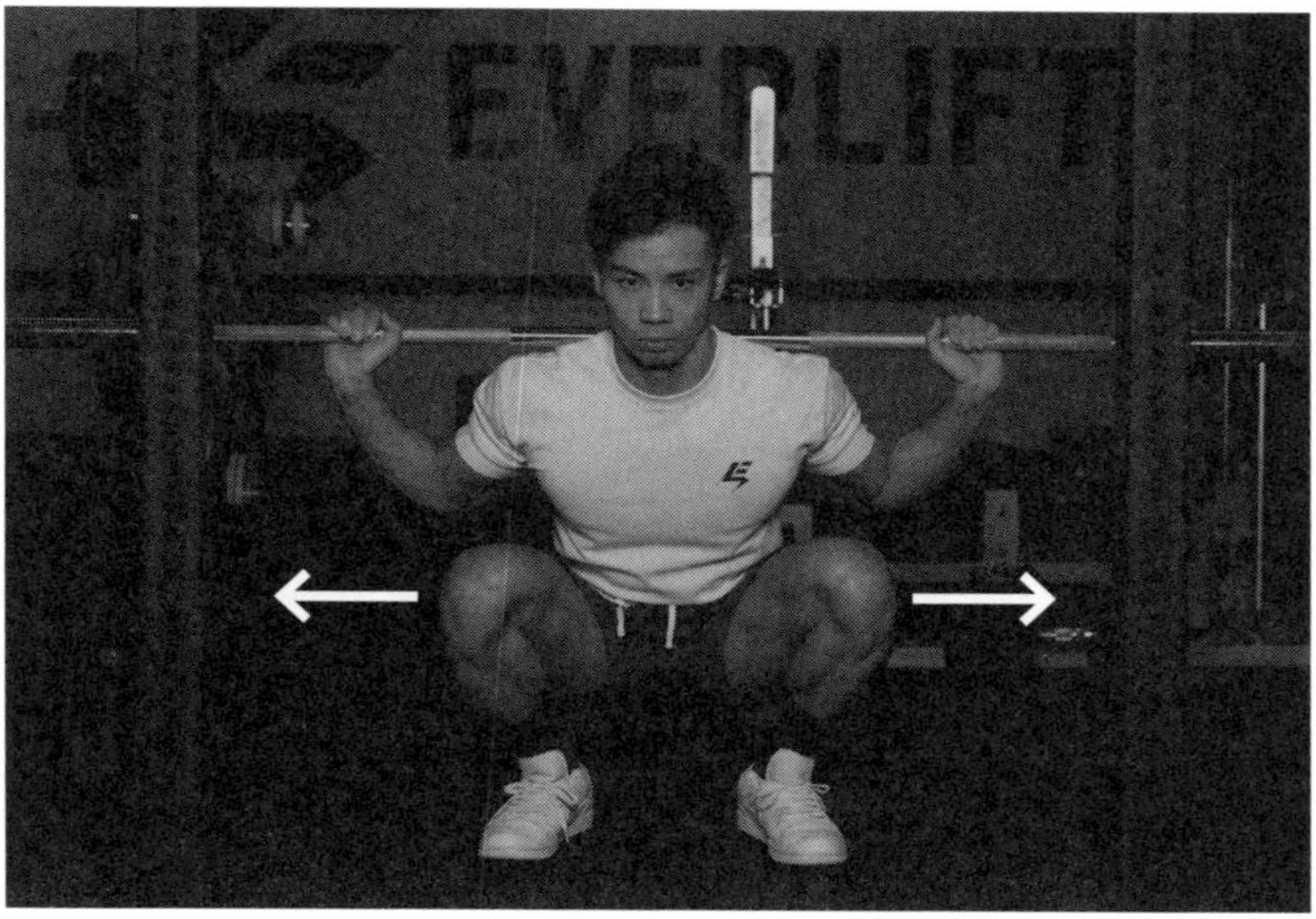

膝は外に開き、しゃがんだ際に内側へ入り込まないようにする

デッドリフト
DEADLIFT

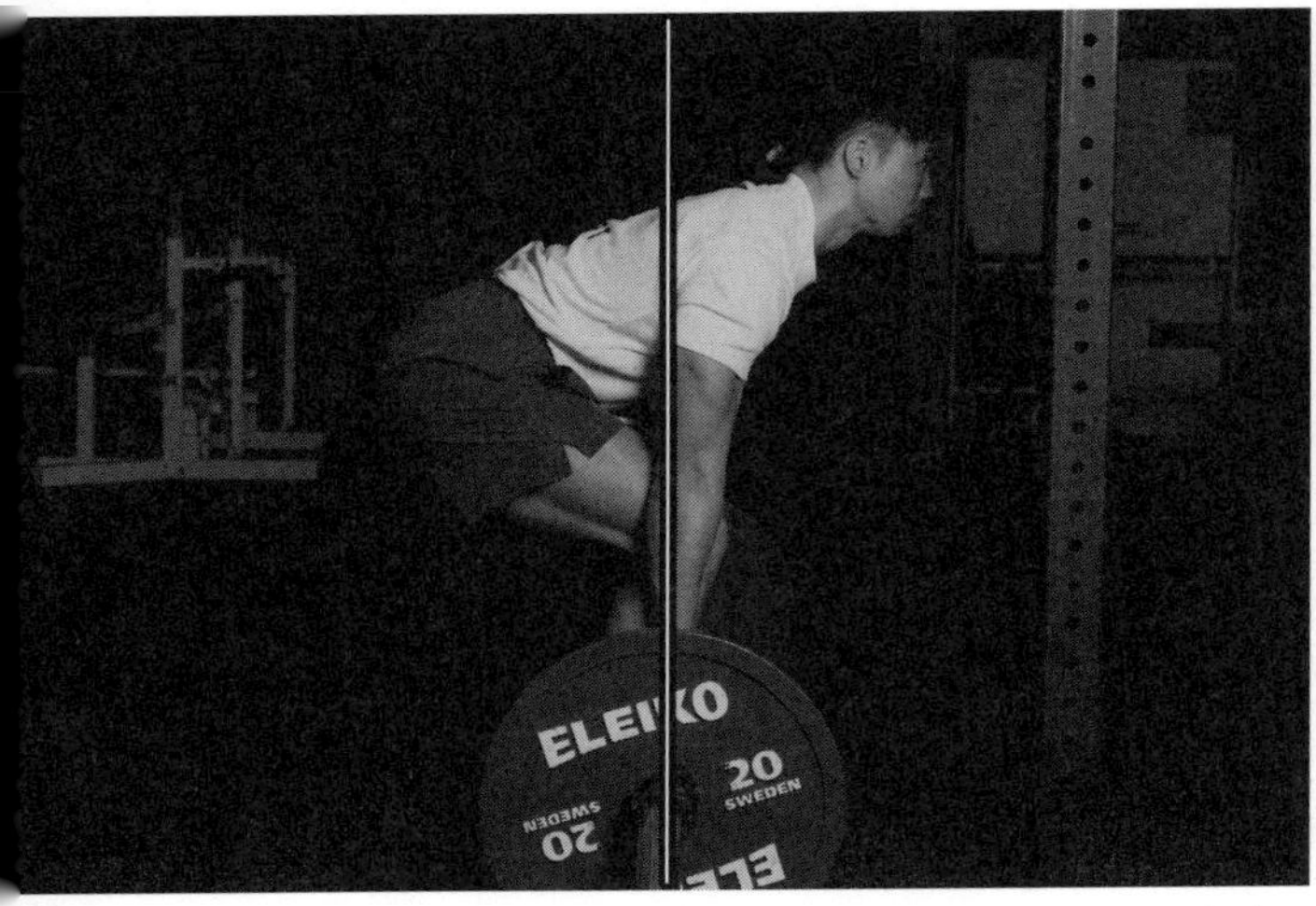

肩をバーより前方に出し、バーの真上に肩甲骨が来るように構える。足を床に押し込むように膝関節を伸展させる。上半身の前傾は保ちまっすぐバーを上げる

正しいフォームを強く意識する

デッドリフトは、ハムストリングや大臀筋、脊柱起立筋などを鍛えることができるコンパウンド種目です。

垂直飛びをしやすい足幅に開き、バーはつま先とかかとの中間に置きます。そして、指の付け根で引っ掛けるようにして握ります。握力が足りない場合は、リストラップなどを用いて補助しましょう。

また、腰や膝を怪我しやすい種目ですので、正しいフォームで行うことを強く意識しましょう。床引きを禁止しているジムに通っている場合は、ルーマニアンデッドリフトなどで代用してください。

バーが膝を越えたら股関節を突き出す（ロックアウト）

ロックアウト後も腹圧を抜かずに降ろす。床でバウンドさせると背中が丸まりやすいので、1回ごとに静止させ背中を固める

いきなりバーを全力で引くのではなく、あらかじめ10%ぐらいの力でバーを引き、しならせる

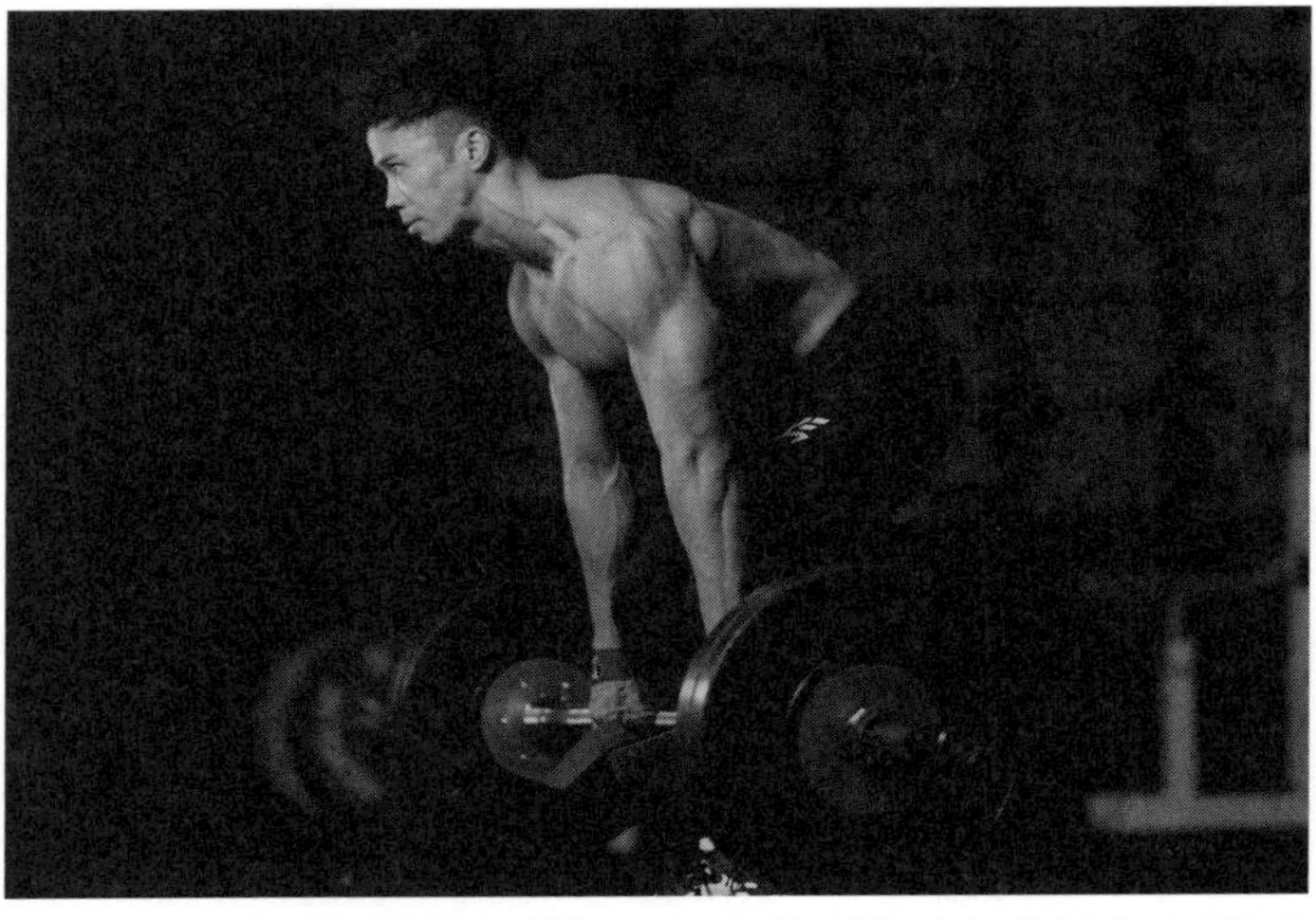

お腹の下あたりを脚の間に押し入れる意識でファーストプルを行うことで、背中をまっすぐ保つことができる

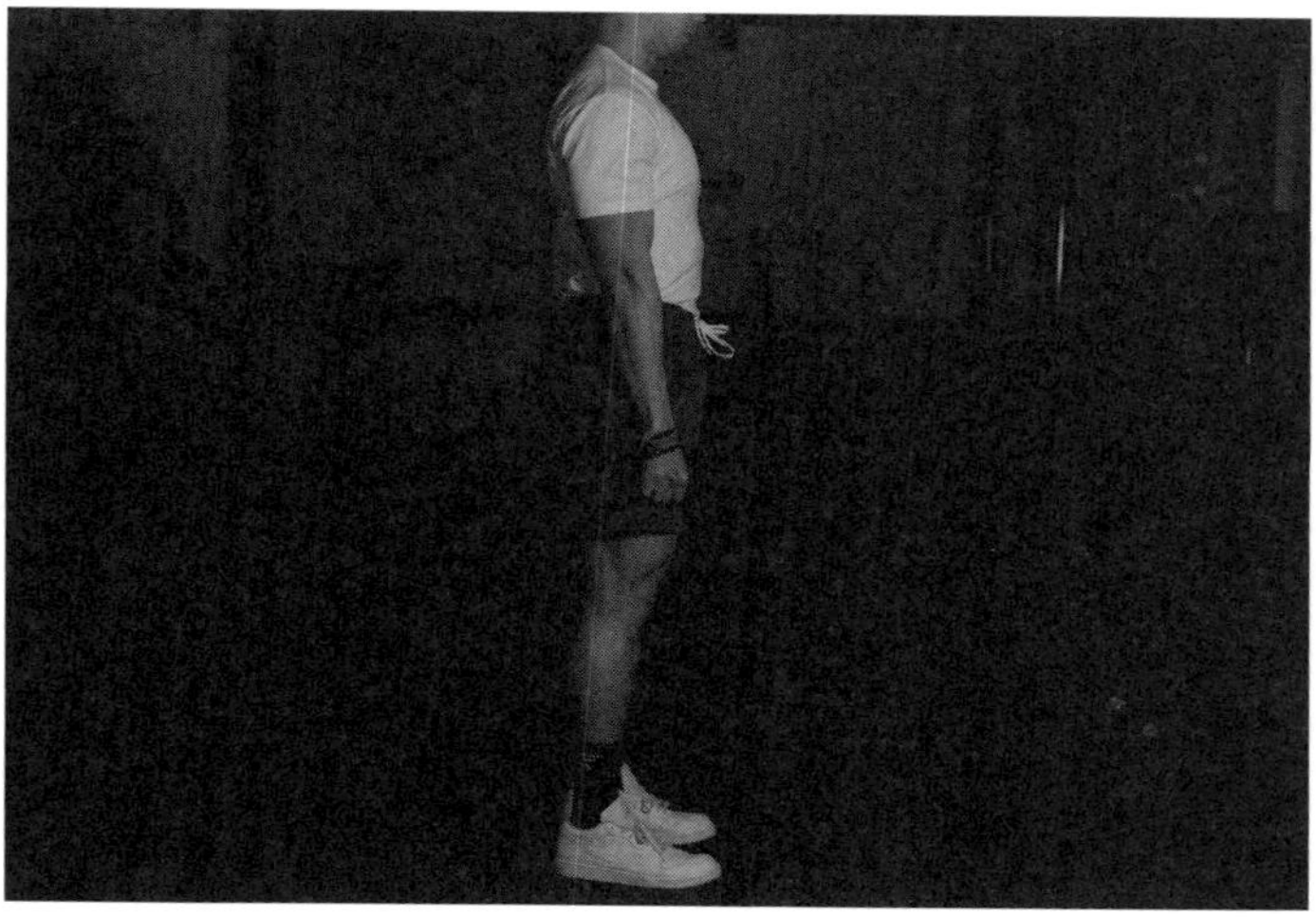

ルーマニアンデッドリフト。下腹部に空気を溜め、腹圧を高める。膝関節は脛が床と垂直になる程度曲げ、体を大きく前傾させる

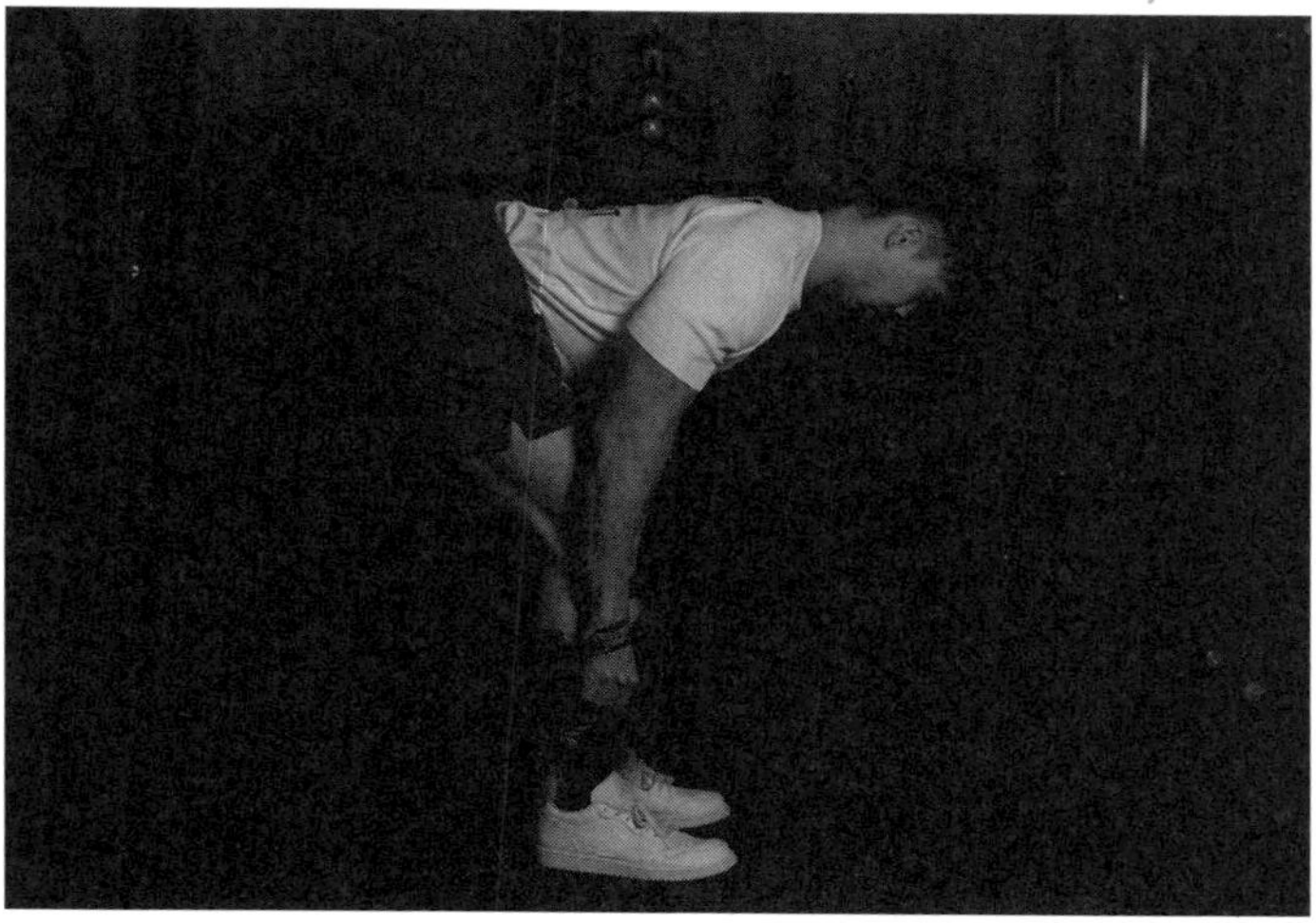

体を前傾させ、ハムストリングをしっかり伸展させる。その後、股関節を伸ばすことで上体を引き上げる

ダンベルベンチプレス

DUMBBELL BENCH PRESS

スタートポジションで胸を張る。ダンベルは握り過ぎず、前腕の上にのせるイメージ。ベンチの上で肩甲骨を動かし、しっかりと下げた状態を保つ

大胸筋に集中して刺激する

ダンベルベンチプレスは、大胸筋に対して効果的な刺激を与えることができる種目です。バーベルでのベンチプレスと比較して大胸筋の刺激に集中しやすい種目です。

ダンベルを両膝にのせ、そのまま倒れこむようにベンチに寝て、スタートポジションで胸を張り、ダンベルは握り過ぎず、前腕の上にのせるイメージで行います。

高重量でのダンベルベンチプレスは、スタートポジションに持っていくことが難しくなります。その際、ダンベルを両膝の上に立ててのせて座り、そのまま後ろに倒れこむようにして寝るとやりやすいです。

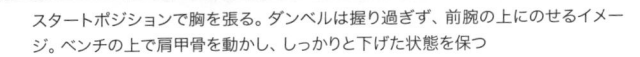

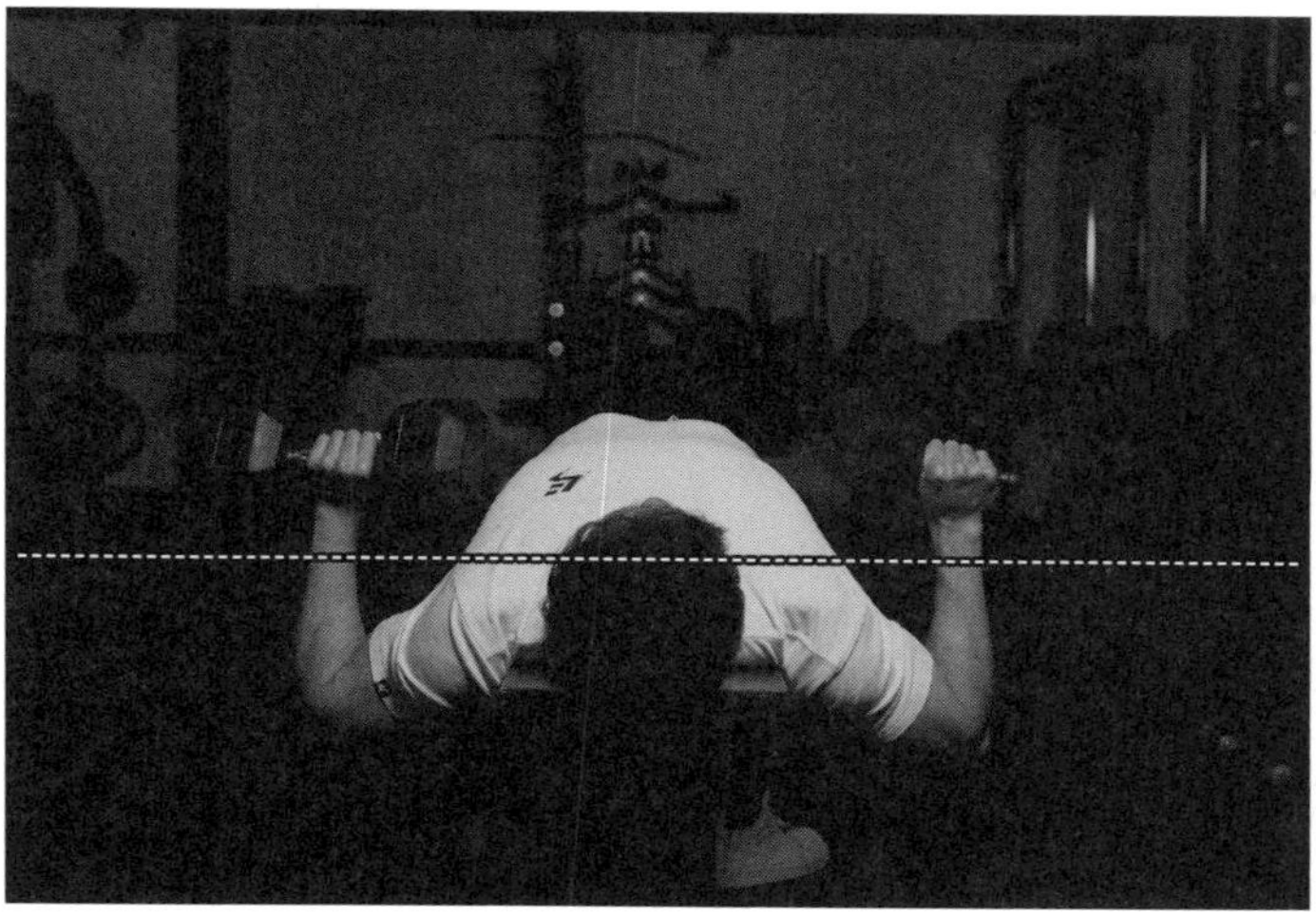

前腕が床と垂直な状態をキープしてダンベルを下げる。弧を描くように行い、腕が床と平行になるまで可動域を取る

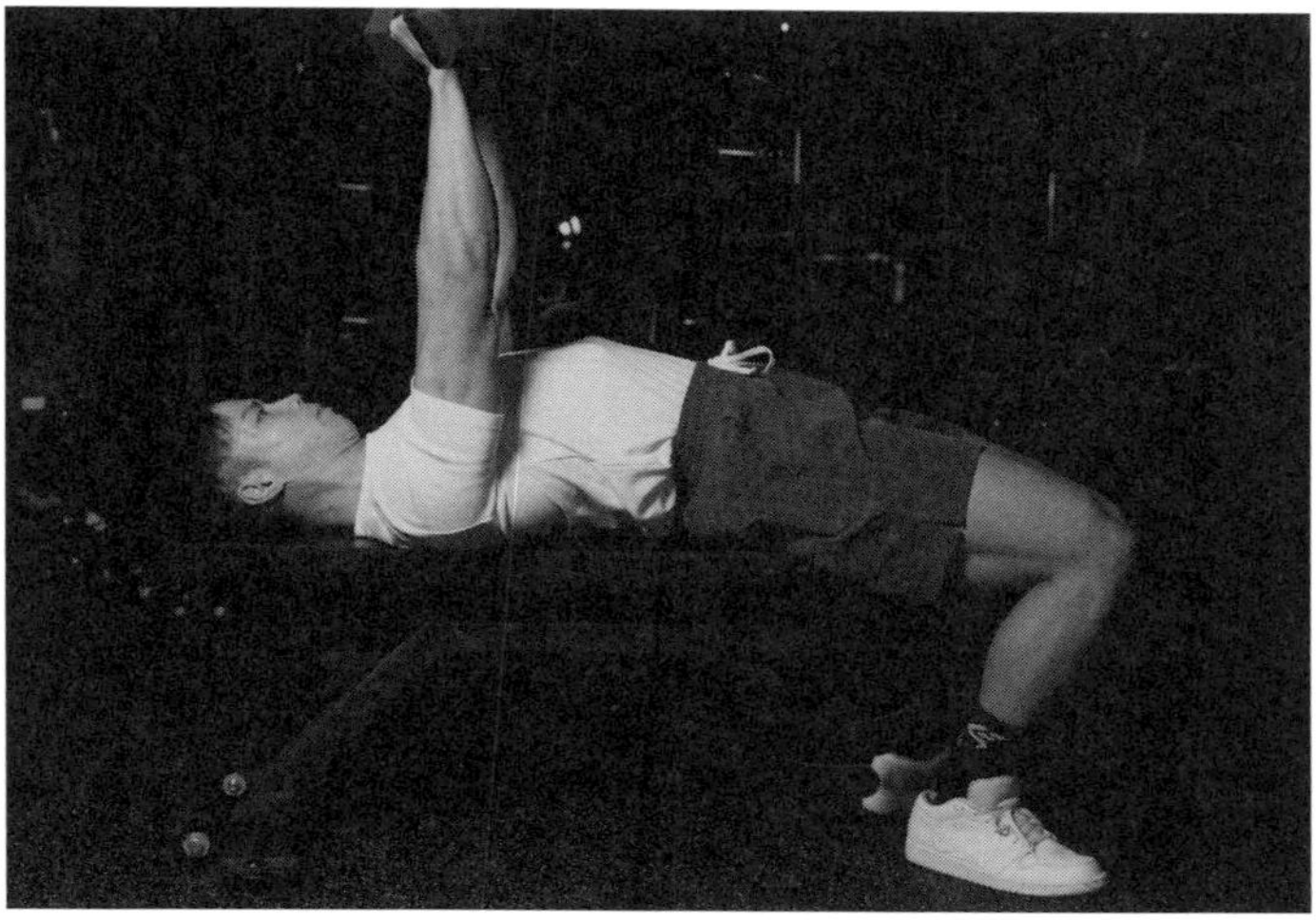

腕同士が平行になるまでしっかりと挙げ切る

インクラインダンベルベンチプレス

INCLINE DUMBBELL BENCH PRESS

脇の角度は60度から80度を目安にする

大胸筋に集中して刺激する

インクラインダンベルベンチプレスは、大胸筋の上部を集中的に鍛えることができる種目です。

ベンチに傾斜をつけてダンベルプレスを行うことで、大胸筋上部の筋繊維を動員できます。個人差はありますが、ベンチの角度は30度程度が目安です。自分に合ったベンチの角度をつけることが大切で、大胸筋上部が床と平行になる状態を目安にするとよいでしょう。

ベンチの角度が急すぎると三角筋に負荷が逃げてしまうため、適切な角度で行いましょう。座る部分は滑らないようもう少し角度をつけましょう。

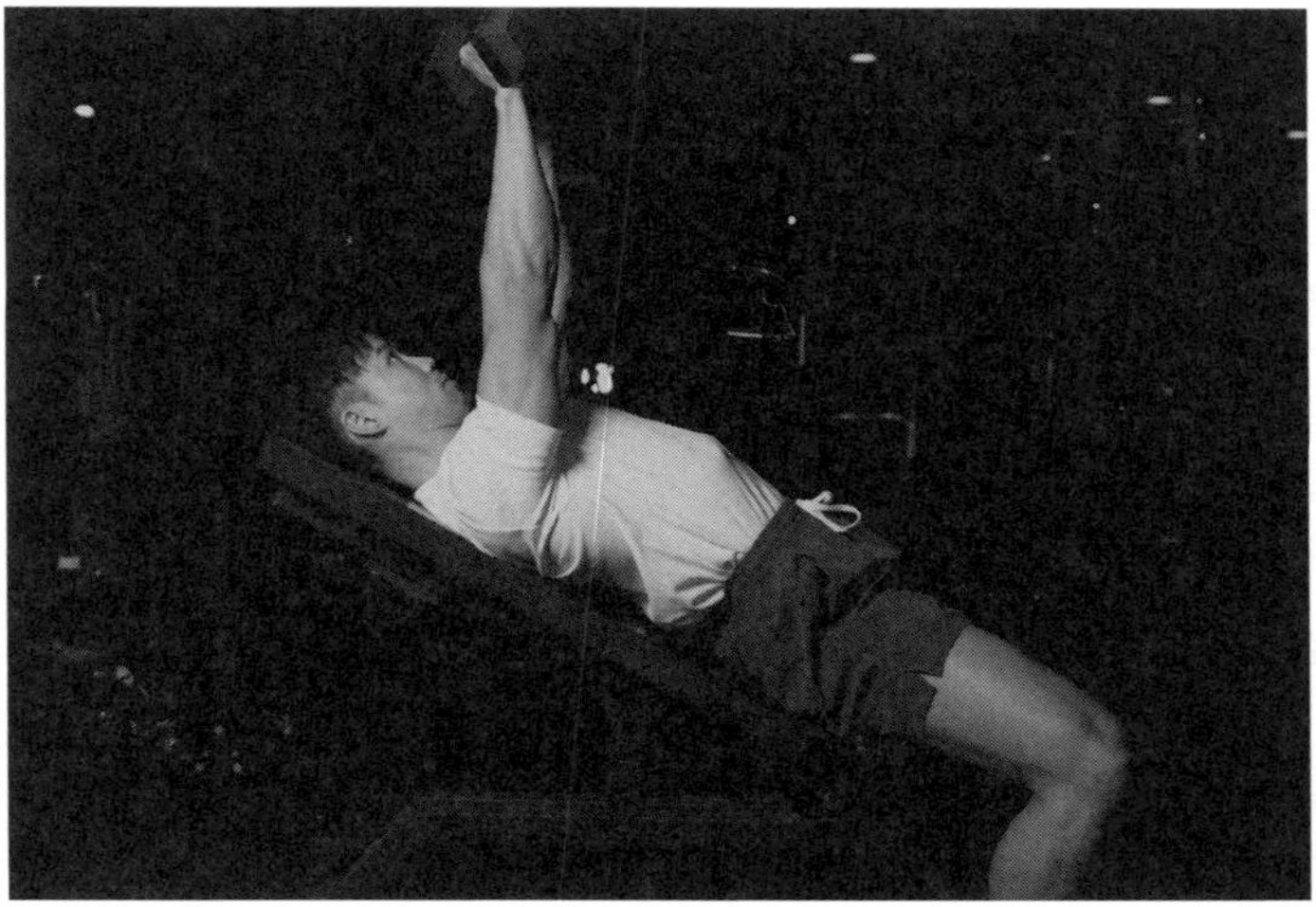

前腕は常に床と垂直の状態を保つ

インクラインダンベルベンチプレス

脇の角度は60度から80度

まず、ダンベルを両膝にのせ、けり上げるようにして胸の横に持っていきます。通常のダンベルプレスと同様、肩甲骨を寄せてブリッジを組み、ふんばりやすい位置に足を置きます。

脇の角度は60度から80度を目安にします。この角度が大きくなりすぎると肩に刺激が逃げてしまうので要注意です。

前腕は常に床と垂直の状態を保ち、弧を描くようにダンベルを上げていきます。

ダンベルフライ

DUMBBELL FLY

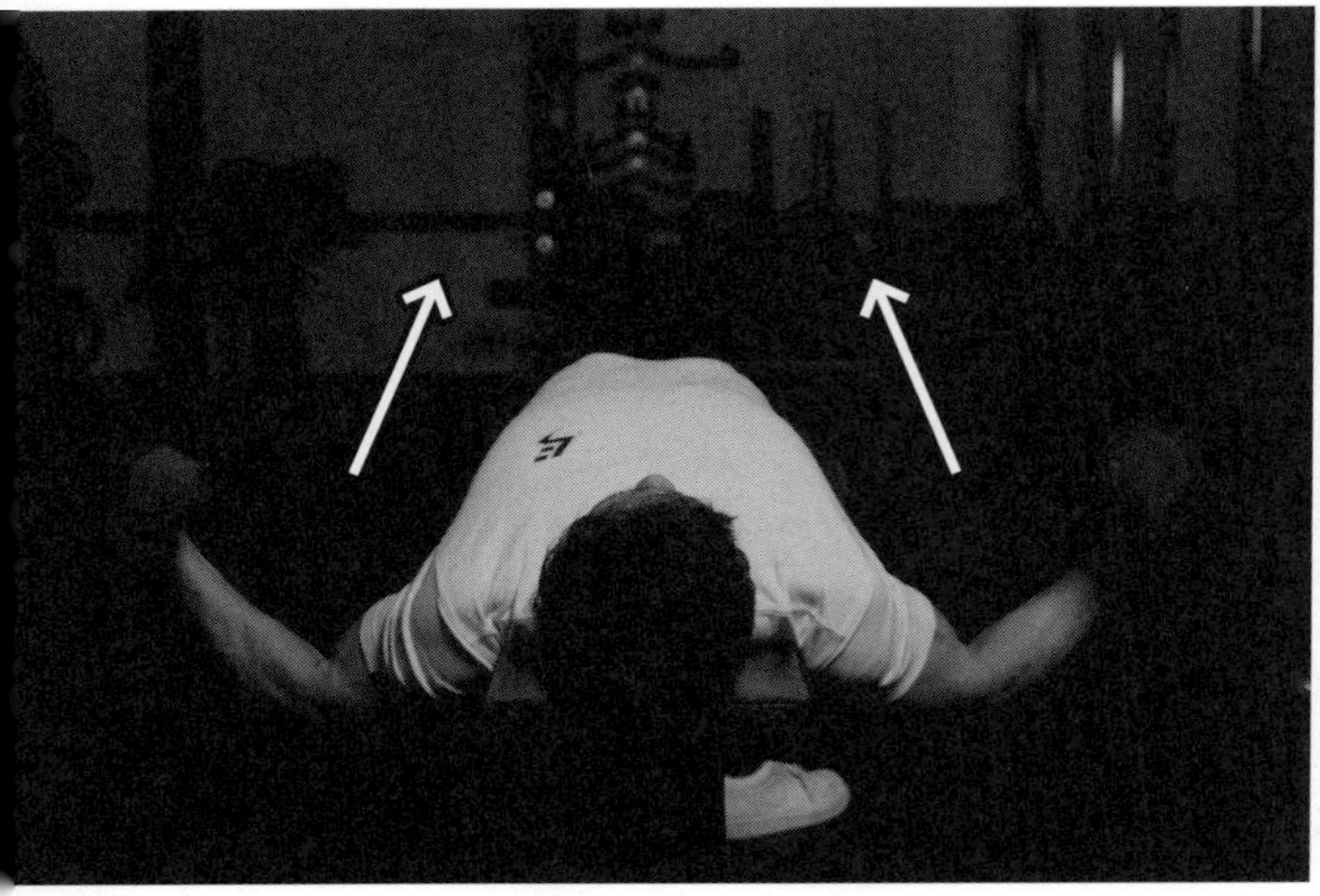

肘の角度は110度程度。開きすぎると負荷が増え、閉じすぎると負荷が減る

胸を張り筋繊維をストレッチ

ダンベルフライは、大胸筋を鍛えるトレーニングの中でもストレッチ時に大きな刺激を与えることができる種目です。

まず、ダンベルベンチプレスのように倒れこみ、足・尻・上背部・頭の4点で支えます。そして、きちんと胸を張り、筋繊維をストレッチさせるようにします。

ダンベルは、縦か少しハの字になるように握りましょう。ダンベルを上げる際は、完全な弧を描く軌道ではなく、フィニッシュに近づくにつれて斜め内側に向かって直線的に押すように動かします。

この円軌道では動作終盤に負荷が大きく減少

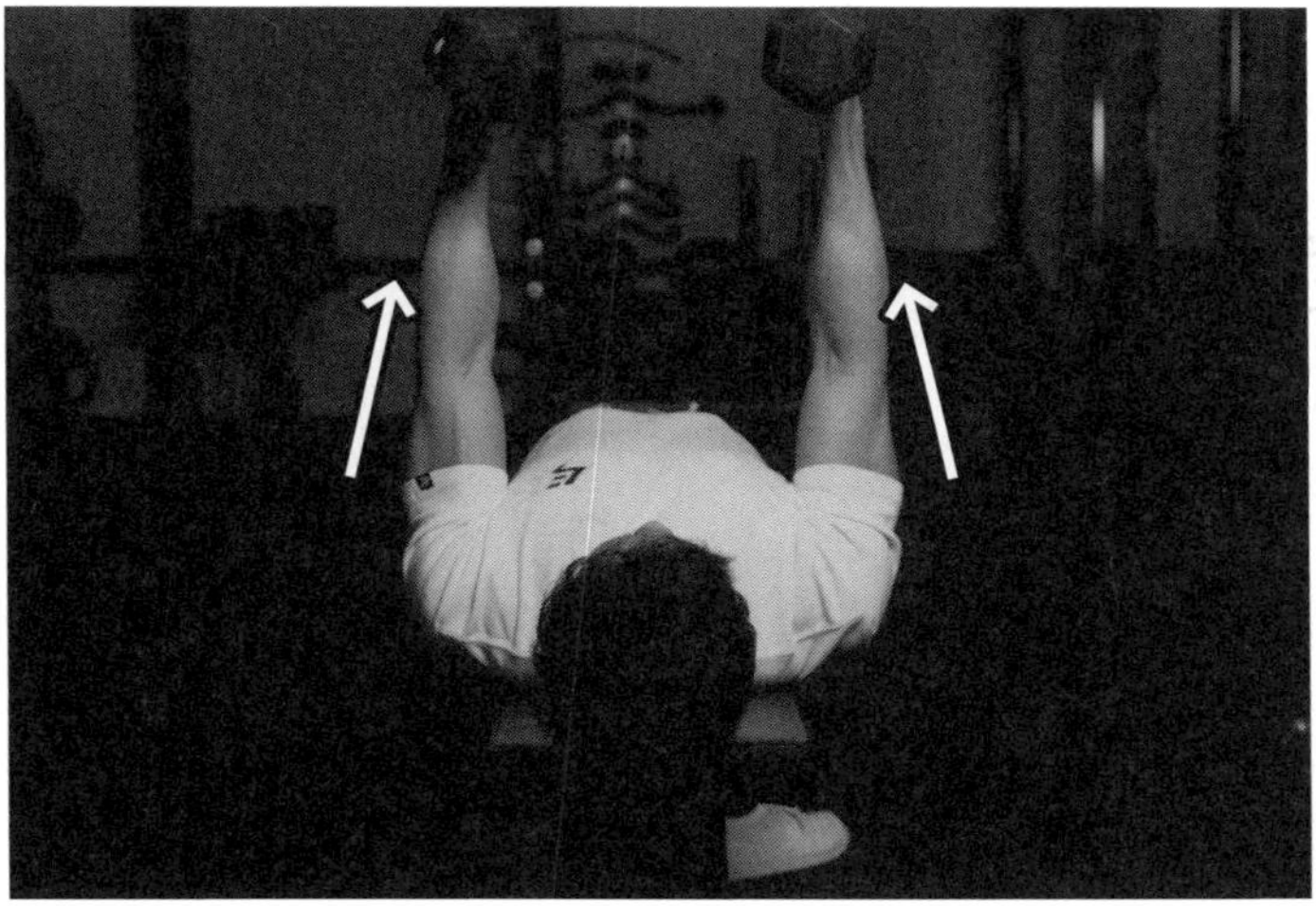

ダンベルベンチプレスと異なり、弧を描くような軌道で動かす。終盤は斜め前方に押し出す

ダンベルフライ

するので、終盤は斜め前方に押すように動かすようにします。

ストレッチ時に最大の負荷がかかる

また、この種目はストレッチ時に最大の負荷がかかる種目ですが、反動をつけてストンと落としてしまうと肩を怪我してしまうので注意してください。

肘の角度は110度程度として、開きすぎると二頭筋や肩の負荷が増え、閉じすぎるとストレッチ時の負荷が減ります。

ケーブルフライ

CABLE FLY

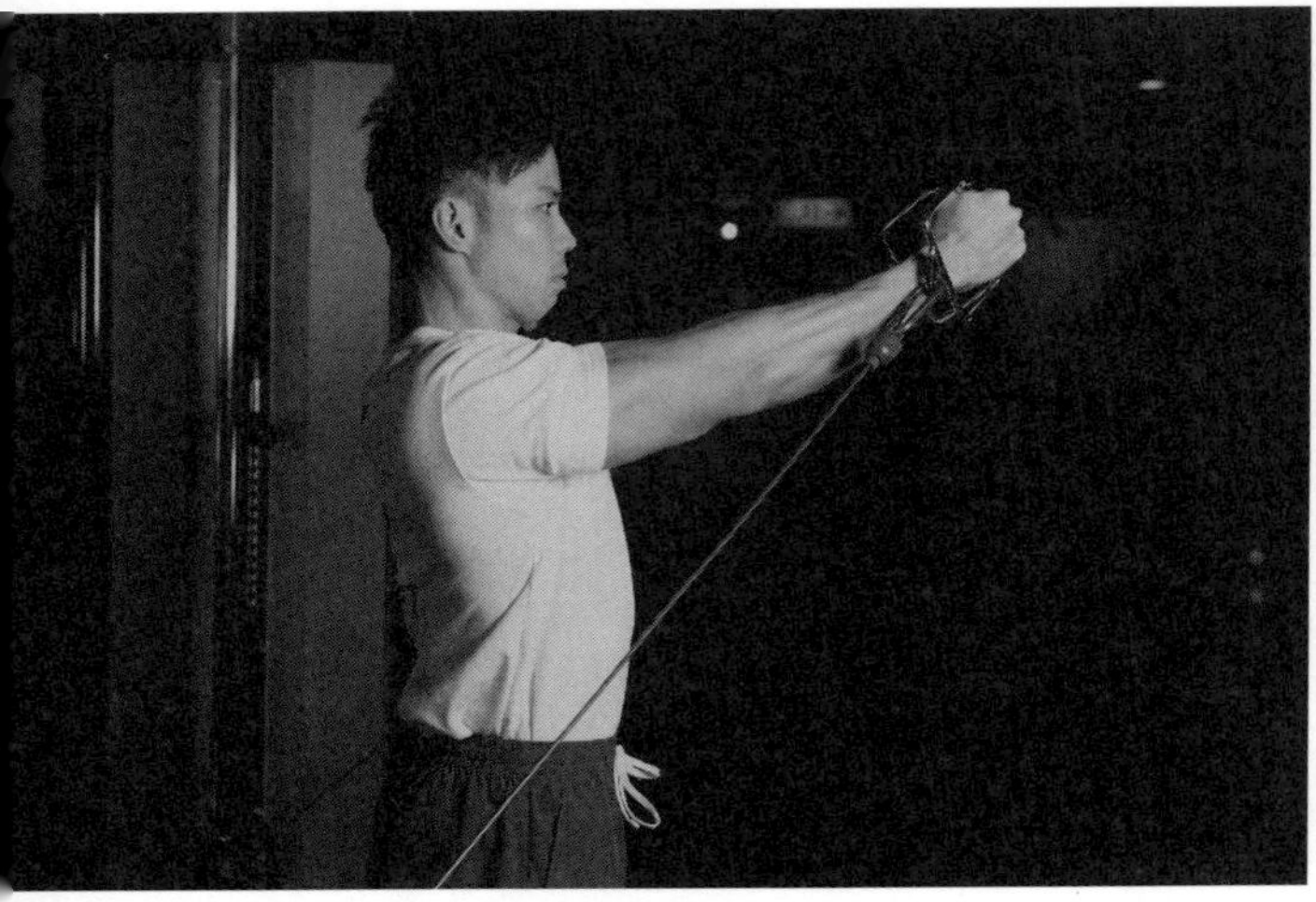

上部を鍛える場合、すくい上げながら動かす。フィニッシュで肘を伸ばすことを意識

滑車の位置で鍛える部位を変える

ケーブルフライは、大胸筋を鍛えることができる種目です。

プーリー（ケーブルマシンの滑車）の位置を変えることで鍛える部位を選択できます。滑車を下に設置すると大胸筋上部、滑車を上に設置すると大胸筋下部を集中して鍛えることができます。

上部と下部それぞれの鍛え方

上部を鍛える場合は、プーリーは膝の高さぐらいに設置します。ナロータイプなら若干高めに設置するとよいでしょう。

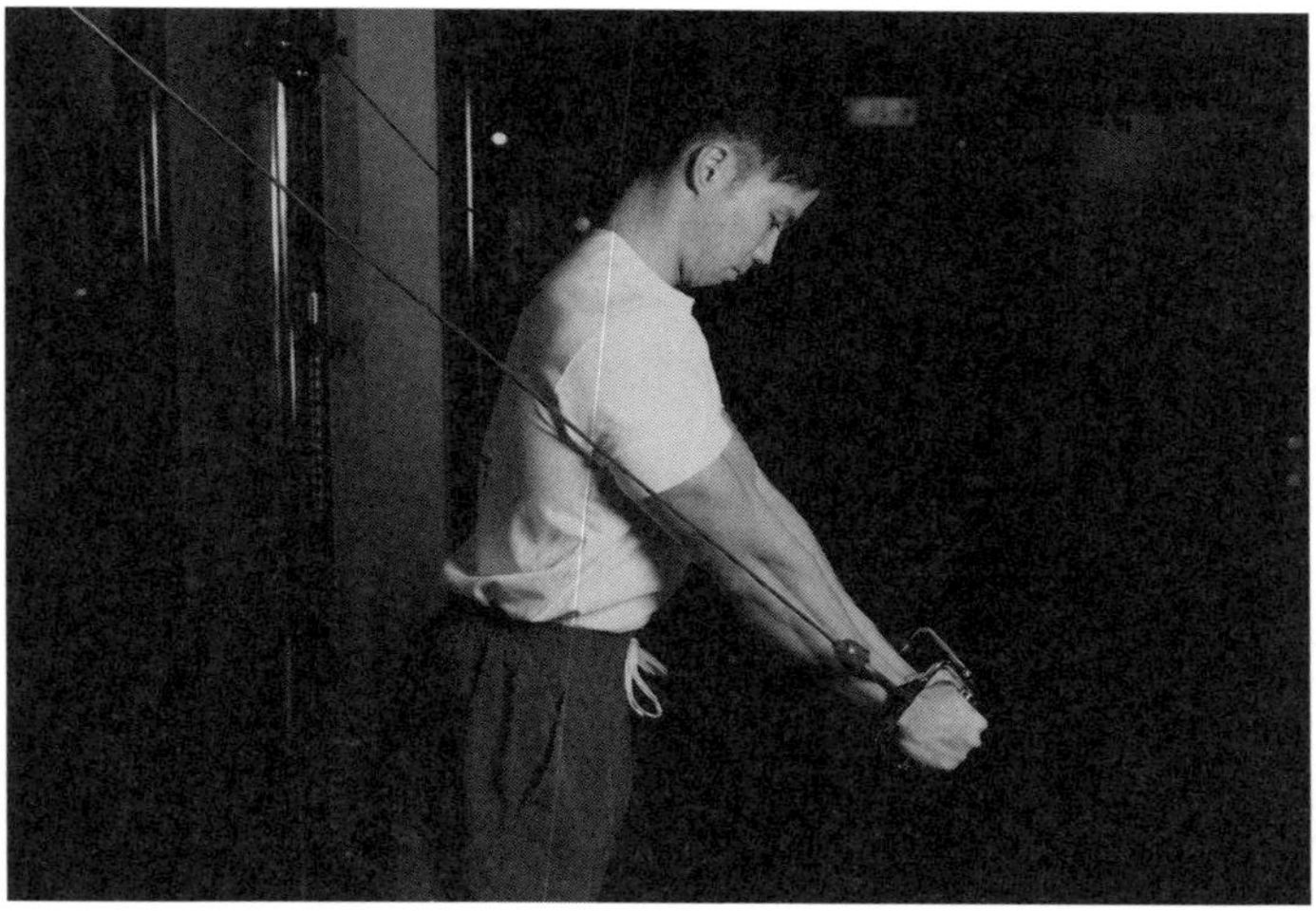

下部を鍛える場合、斜め下に肘を絞りながら動かす。ケーブルが肩の横を通過するよう意識し、フィニッシュではしっかり肘を伸ばす

ケーブルフライ

そして、一歩ほど前に立ち、少し胸を張った状態で構えます。大胸筋上部の筋繊維に沿うように、すくい上げながら動かします。

下部を鍛える場合は、プーリーを自分の身長より高く設置します。その後、一歩ほど前に立ち、少し胸を張った状態で構えます。

大胸筋下部の筋繊維に沿うように、斜め下に肘を絞りながら動かします。ケーブルが肩の横を通過するよう意識し、フィニッシュではしっかり肘を伸ばすようにしましょう。

上部、下部どちらを鍛える場合でも胸を張ること、フィニッシュでしっかり肘を伸ばすことは意識しましょう。

懸垂
PULL UP

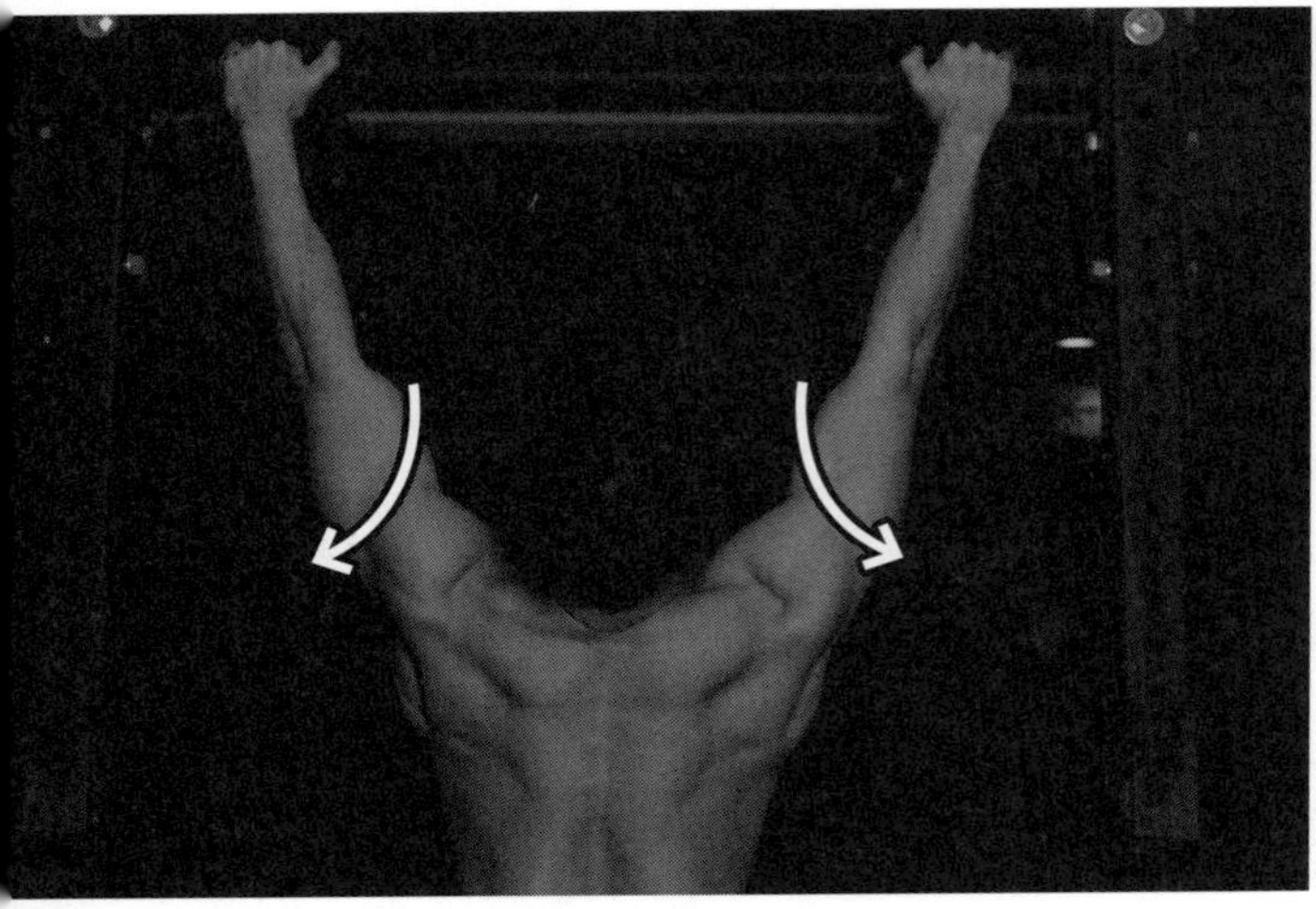

肘を内側に入れる意識で肩関節を外旋させる

初心者には難しい種目

懸垂は、広背筋や僧帽筋、三角筋、大円筋、上腕二頭筋など多くの筋肉を動員することができる、非常に重要な種目です。

握り方や手幅によって、メインで鍛える部位を変えることができます。懸垂は最低でも自分の体重を持ち上げる必要があるため、初心者には難しい種目です。ゴムバンドなどのアシストを用いた懸垂から始めてみましょう。

肩関節を外旋しやすくするために小指側を強く握ります。手幅は肩幅より拳1つ分広めが基準です。肘を内側に入れる意識で肩関節を外旋させ、同時に肩甲骨を下制することで、自然と胸が張った状態をつくることができます。

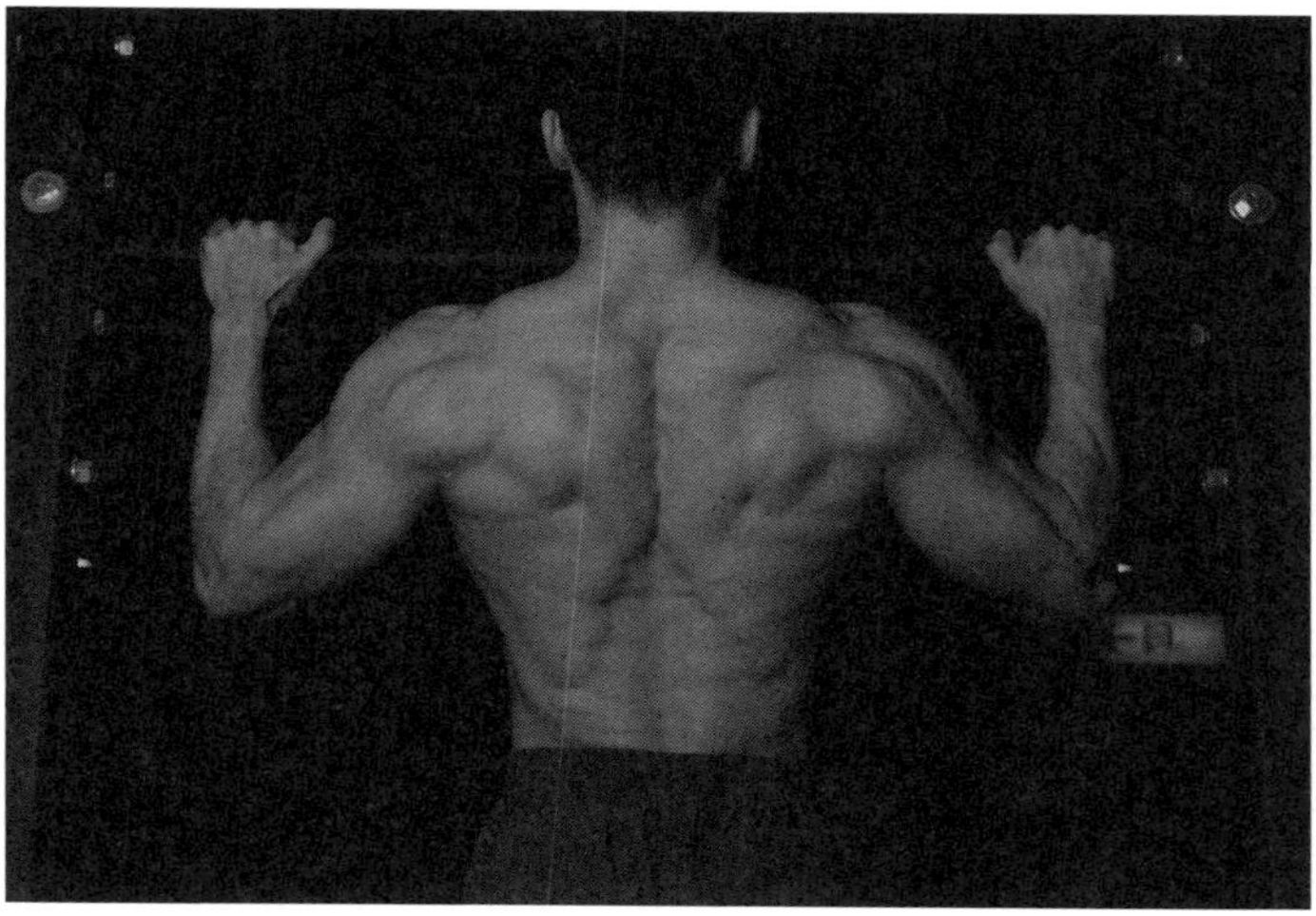

バーを引き付けるのではなく、上腕骨もしくは肘を腰に近づけるイメージで肩甲骨を回旋させる

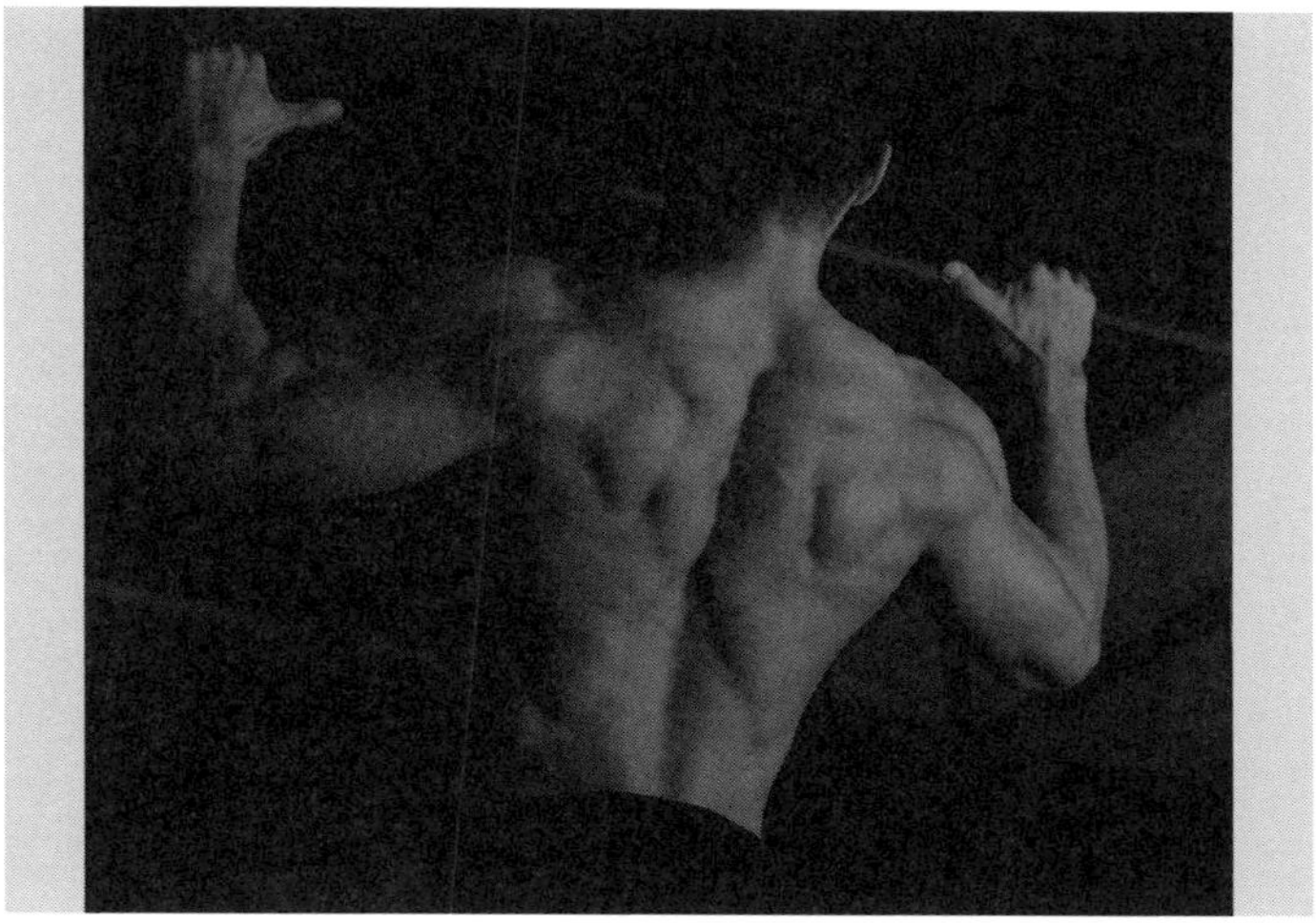

弧を描くように動くのではなく、まっすぐな軌道を描くイメージ

ダンベルロウ

DUMBBELL ROW

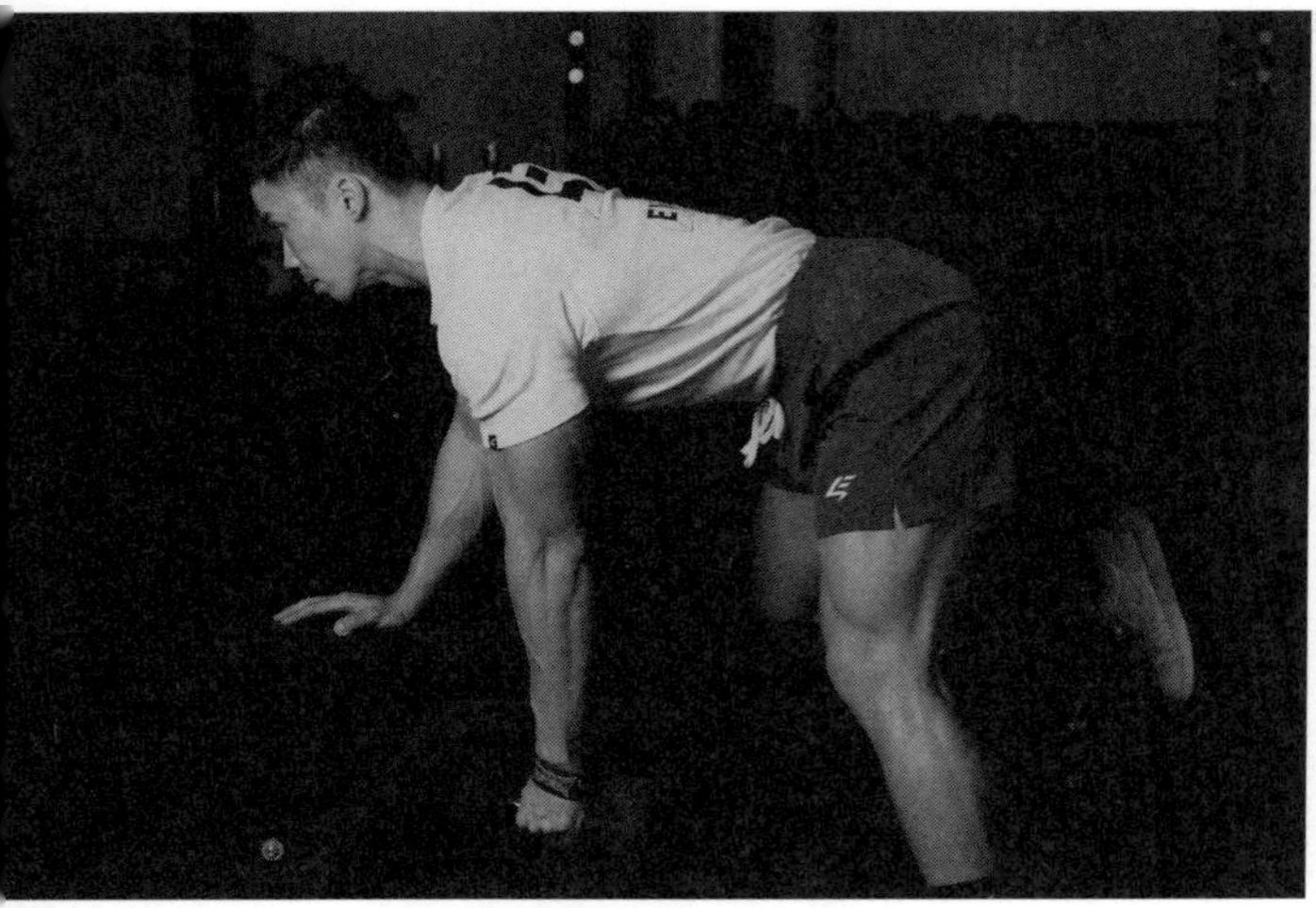

ダンベルを引く時、しっかりと肩を下げる

上体を水平に保つ

ダンベルロウは、広背筋や僧帽筋をはじめとした背中の筋肉を主に鍛えることができる種目です。

まず、ダンベルは主に小指と薬指で強く握るようにします。膝、手のひらをベンチにのせ、反対側の足でバランスを取って行います。上体は床と水平で、背中はまっすぐな状態を維持します。

ダンベルロウを行う際は、上体の姿勢に留意しましょう。まず、上体を水平にすること、背中を丸めたり反らしたりせずまっすぐに保つことが大事です。加えて、背中だけでなく骨盤を床と平行にすることも必要です。

肘が弧を描いて腰に近づくイメージで引く

ダンベルロウ

ダンベルを上げる際、体をひねらない

ダンベルをあげる時も上半身は水平を維持して、その際、体をひねらないように引きましょう。あげると言っても、真上に肘を引くのではなく、肘が弧を描いて腰に近づくイメージで引くようにします。

肩をすくめずに肘が弧を描くようにダンベルを引くことなどに注意して行うようにしましょう。

ラットプルダウン

LAT PULL DOWN

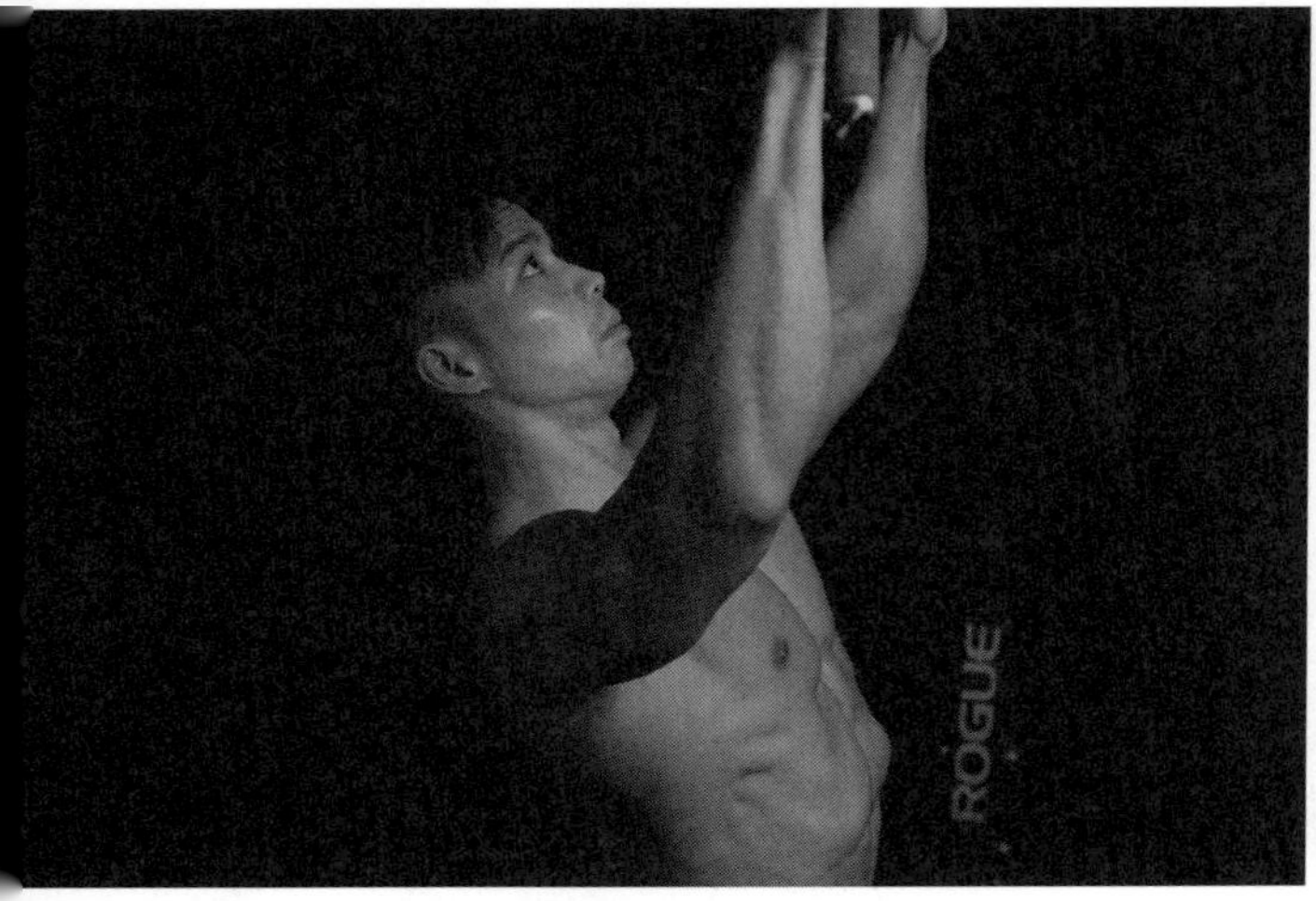

肩関節を外旋させることできちんと胸を張る

初心者でも始めやすい

ラットプルダウンは、広背筋や僧帽筋など背中の筋肉を主に鍛えることができる種目です。懸垂と違い低重量から行えるメリットがあるので、初心者で懸垂ができない人でも始めやすいというメリットがあります。

ラットプルダウンを行う際は、腕の筋肉ではなく背中の筋肉で引けるように、サムレスグリップで小指と薬指を強く握る意識で行うようにしましょう。

まず、手幅は肩幅より少し広めに握ります。握る際はサムレスグリップでひっかけるようにし、小指と薬指を強めに握ると背中の筋肉を稼働させやすいでしょう。

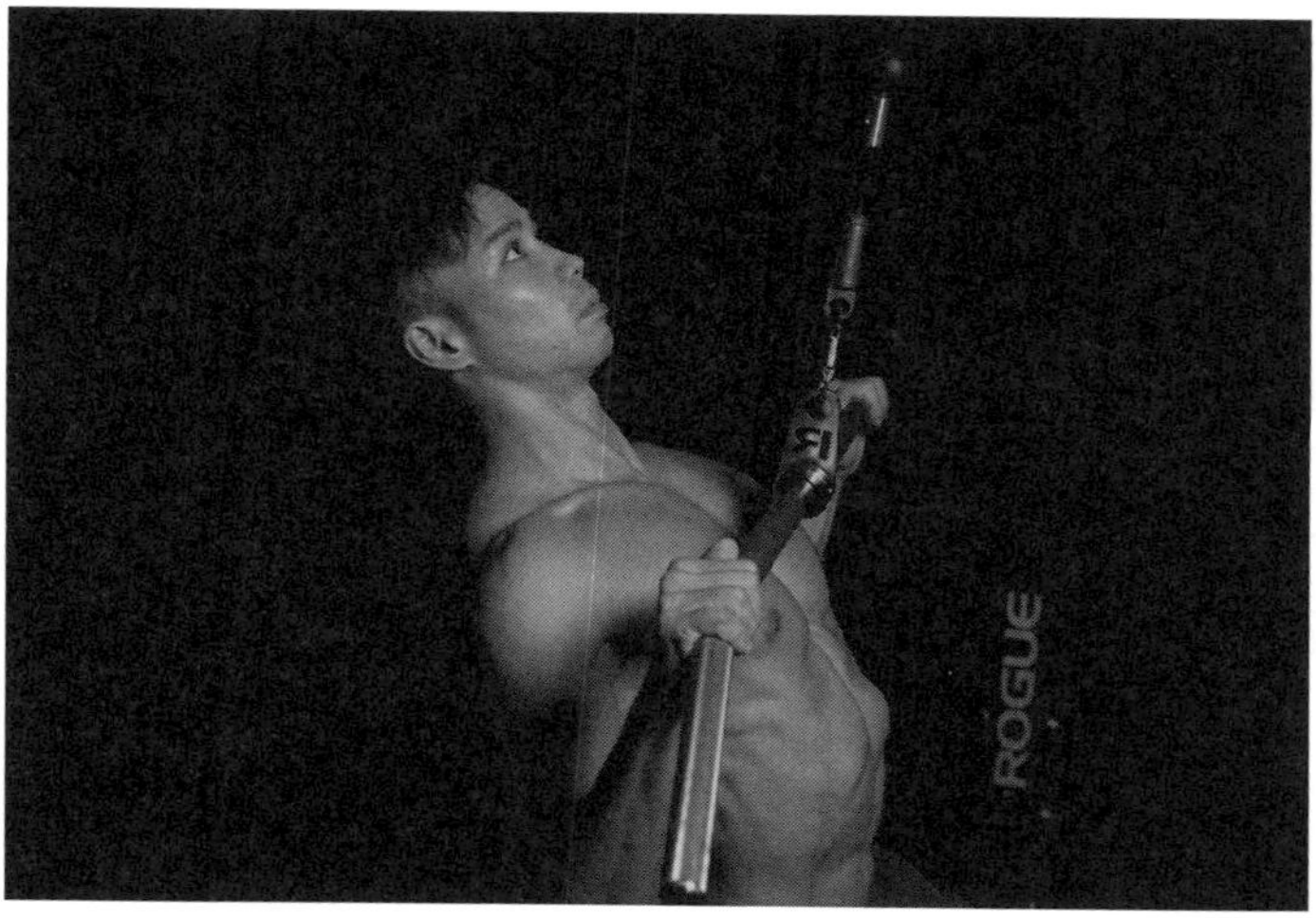

鎖骨とみぞおちの間の位置を目安にバーを下ろす

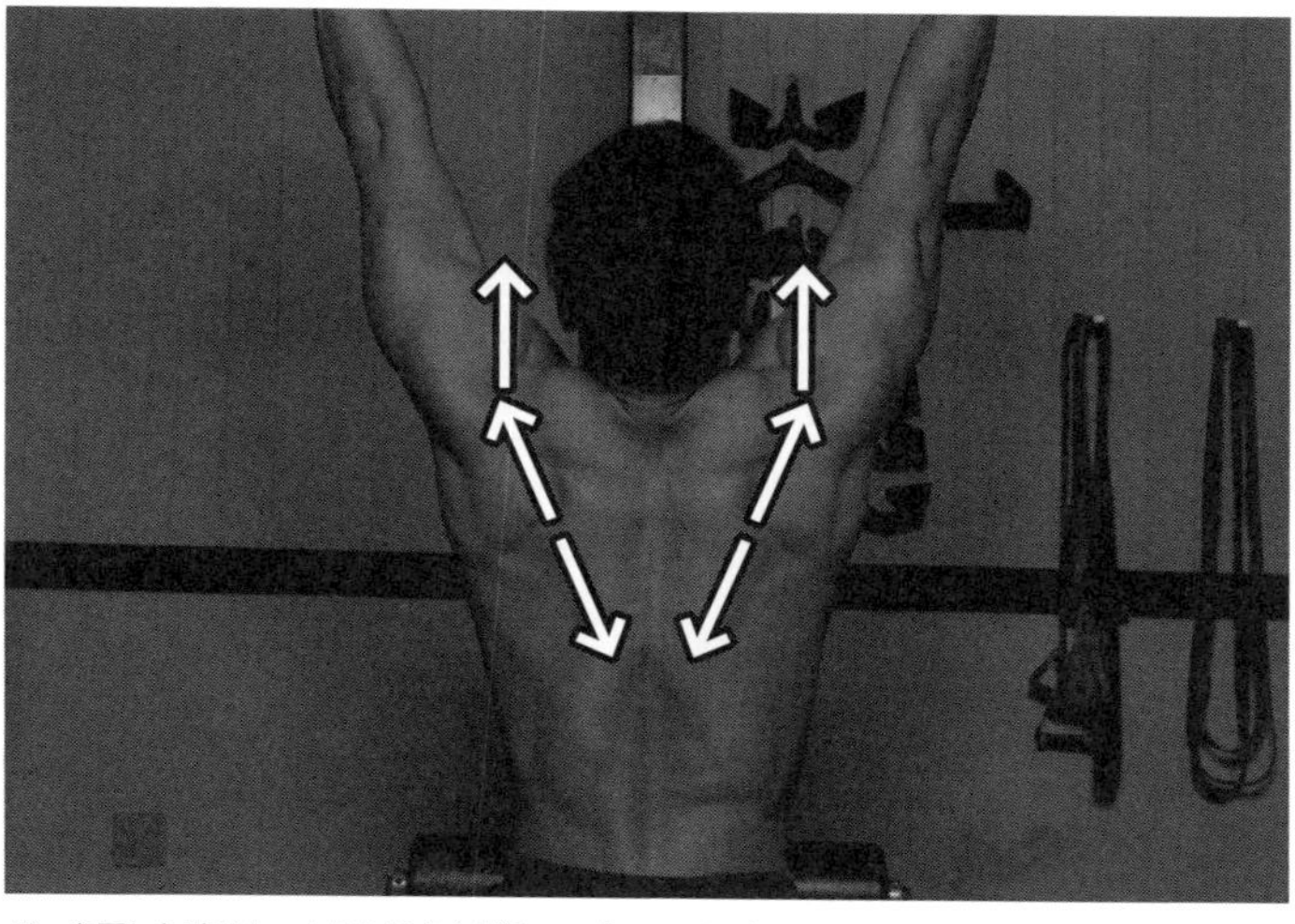

バーを戻した時はしっかりと肩を上げる。一方で、バーを下ろした時はしっかりと肩を下げる。肩甲骨を寄せるというよりは下げる意識で行う

サイドレイズ
SIDE RAISE

腕の角度が90度になるまで上げる

前傾すると負荷をかけられる

サイドレイズは、三角筋中部を主に鍛えることができる種目です。

行う際は肘を軽く曲げ、ダンベルが大きな弧を描くような動きをしましょう。

ダンベルは小指と薬指で強く握り、肘が大きな弧を描くような軌道で上げます。上げる時は、腕の角度が90度になるまで上げます。この時肩を上げてしまうと僧帽筋のほうに負荷がかかってしまうので、肩を下げながら動かすようにしましょう。

また、三角筋中部は少し斜めについているため、上半身をやや前傾するとより大きな負荷をかけることができます。

上半身をやや前傾するとより大きな負荷をかけることができる

ケーブルサイドレイズのやり方

ケーブルサイドレイズと呼ばれる、ケーブルマシンで行うサイドレイズもあります。

通常のサイドレイズはストレッチ時に負荷がほとんど抜けてしまうという欠点がありますが、ケーブルを用いることで動作終盤まで負荷がかかり続けるため、筋肥大に重要なストレッチ時の刺激を与えることができます。

プーリーを腰の高さに設置することで、三角筋をよりストレッチさせることができます。右と左を片方ずつ行い、三角筋中部の動きを意識しながら動かすとよいでしょう。

ライイングリアレイズ

LYING REAR RAISE

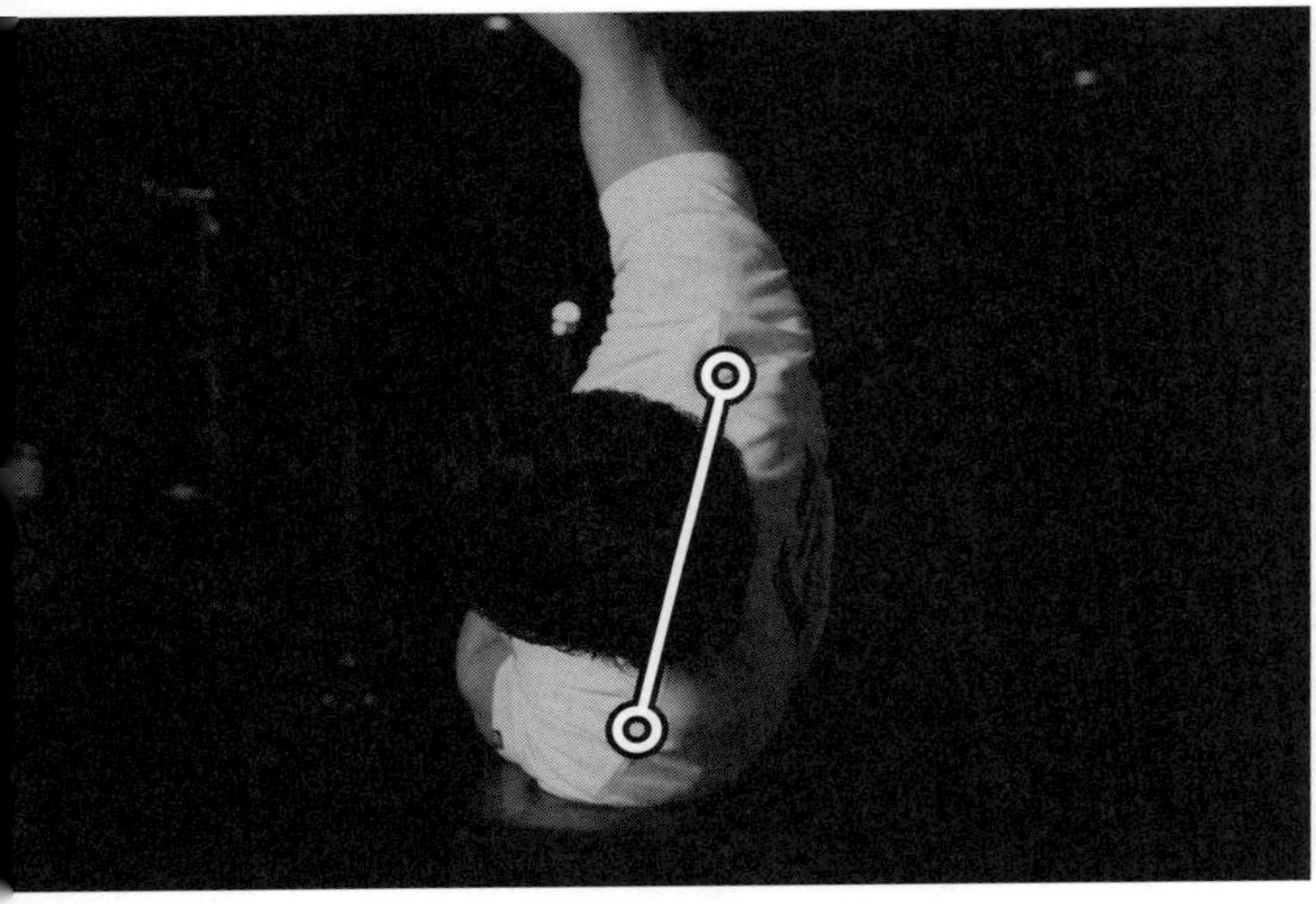

ライイングリアレイズ。ダンベルを上げる際、肩のラインをまっすぐにする

三角筋後部を鍛える

ライイングリアレイズは、三角筋後部を鍛えることができる種目です。

ベンチに横向きで寝て、肘を少し曲げたまま上側の手でダンベルを持ち、弧を描くように上下させます。ダンベルを下ろす位置は、大体肘が口の前に来るまでとして、下の肩、鎖骨、上の肩のラインをまっすぐに保ち、肩が前に倒れないよう意識します。

また、腕を上げると同時に肩甲骨が離れた状態で動作をするよう意識しましょう。肩甲骨が寄ってしまうと（肩甲骨が内転すると）、僧帽筋に負荷が逃げてしまい、三角筋後部を正しく鍛えることが難しくなってしまいます。

フェイスプル
FACE PULL

フェイスプル。グリップを額の辺りに引く。この時上体はそらさずまっすぐに保ち、しっかり肩を外旋させる

プーリーを用いるフェイスプル

ライイングリアレイズ以外にも、三角筋後部を集中的に鍛えることができる種目として、フェイスプルがあります。

ケーブルマシンのプーリー（滑車）を胸の上部に設置し、グリップの下側に親指がくるように握ります。その状態でグリップを引きます。上半身をそらさず、しっかりと肩が外旋運動をするように意識しましょう。

また、肩が上がり肩甲骨が寄っていると、三角筋ではなく僧帽筋を使ってしまうため、肩を下げて肩甲骨を広げるように意識して行いましょう。

オーバーヘッドプレス
OVERHEAD PRESS

ラックアップしたら、一歩後ろに下がる。足は腰〜肩幅に開いて立ち、つま先は少し外向きにするとお尻に力を入れやすくなり、姿勢が安定する

多くの筋肉を鍛える

オーバーヘッドプレスは、三角筋前部や大胸筋上部、上腕三頭筋、僧帽筋上部といった多くの筋肉を鍛えることができる種目です。

上腕を挙上する動作、肘を伸ばす動作、肩を上にあげる動作の3つの動きを意識して行うと、より筋肉を効果的に鍛えることができます。

まず、手はハの字、胸の上部から鎖骨の下あたりにラックをセットします。バーの真下に肘がくるような脇の開き方でバーを上げます。

注意点として、手の上側で握ると手首が寝てしまい故障の原因になるので、なるべく手の付け根側で握るよう意識しましょう。

腰はまっすぐな状態を保ちつつ、胸椎は伸展させながらバーをあげる

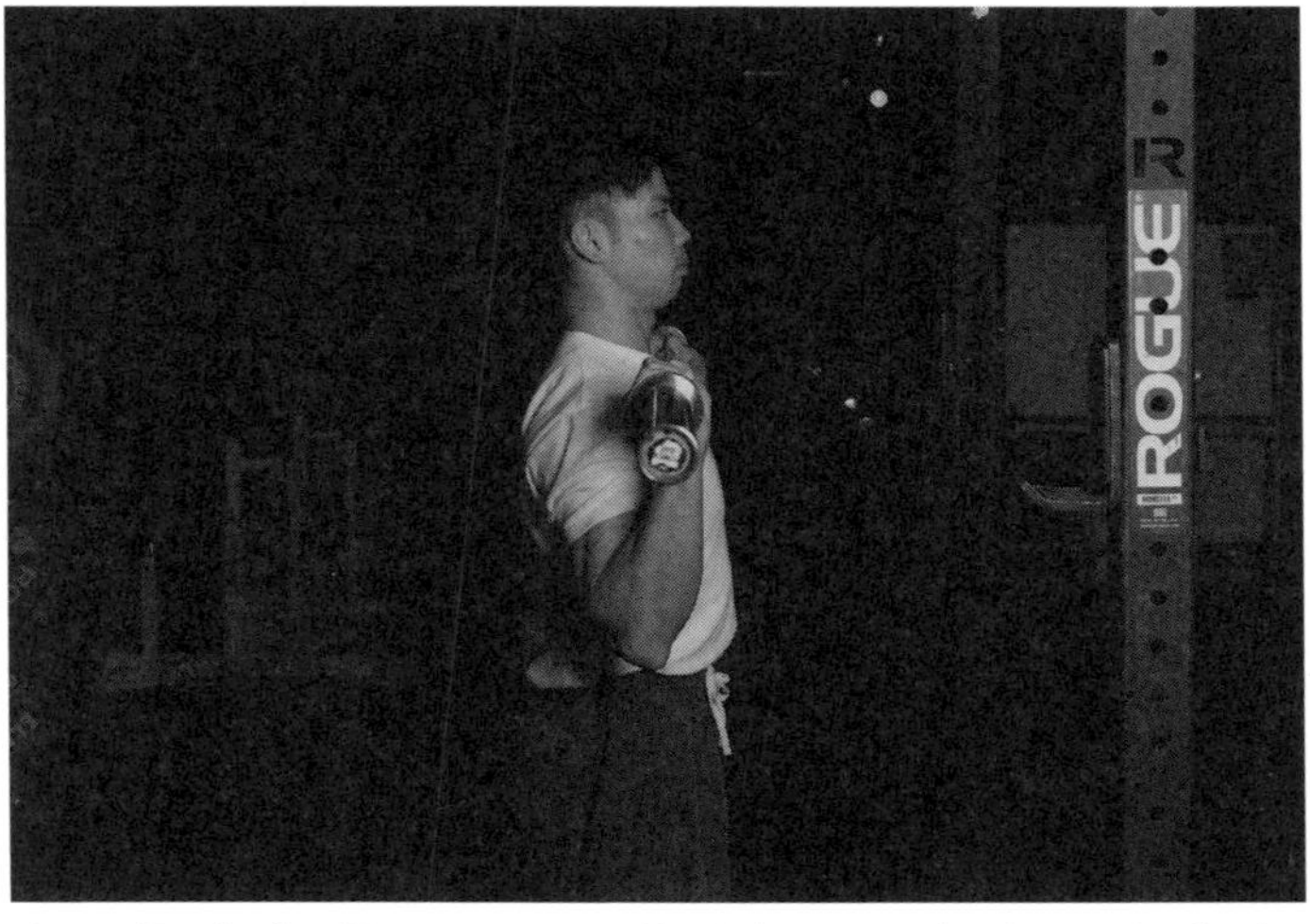

鎖骨から顔のギリギリを通ってバーをまっすぐ持ち上げる。額を過ぎたら顔と胸を少し前に出し、バー・肘・肩甲骨・腰・足首が一直線上になった状態でフィニッシュ

トライセプスエクステンション

TRICEPS EXTENSION

肩関節の真上から額まで下ろす方法は、上腕三頭筋の外側頭と内側頭を鍛えることができる

負荷を受け止めて下ろす

トライセプスエクステンションは、上腕三頭筋を集中的に鍛えることができる種目です。

ｅｚバーもしくはダンベルで行います。ダンベルで行う場合、ダンベルが縦になるように下ろします。まず、ダンベルを持ったままベンチに寝て、スタートポジションにつく。ｅｚバーの場合は膝にのせ、けり上げるようにしてスタートポジションまでもっていきます。サムアラウンドグリップでしっかりと握ります。そして、肘を曲げて頭の横に下ろします。

また、肘関節は痛めやすい関節なので、ｅｚバーやダンベルを下ろす際は勢いをつけず、しっかりと負荷を受け止めながら下ろします。

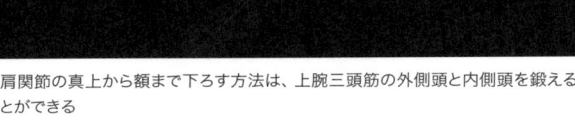

額の上から頭頂部まで下ろす方法は、上腕三頭筋の長頭を鍛えることができる。長頭を鍛えられる種目は少ないため、有効

脇を自然に閉じ、開かないようにする。ダンベルを下ろした時に縦になるようにする

おわりに

本書ではこれまでさまざまな種目やノウハウを記してきましたが、筋トレにおいて、まず大切なことは継続することです。才能や遺伝的な影響はもちろんありますが、ある程度までは正しく努力すれば到達することができます。

そのためにも安全なトレーニングを心がけ、怪我をしないよう心がけましょう。停滞してしまっている場合は、今一度フォームやプログラムを見直してみることで、さらに伸びることがあります。ですので、継続することに加えて正しい知識を取り入れて自身のトレーニングを改善することも、さらなる成長のためには大切です。

トレーニングであってもスポーツであっても、基本的にボディビルダーやトップ選手などの優秀な人の意見が通りやすくなっています。しかし、彼らの意見やトレーニング方法が万人にあてはまるとは限りません。彼らの発言は自分の体を証拠として語っていることが多いですが、多くの平均的なトレーニーには合わない場合も多いです。

一方で、科学的に裏付けされたデータを取り入れたトレーニング方法は、多くの人にとって最大限効率的に鍛えることができる方法となります。このような理由から私は科学的な根拠を取り入れたトレーニング法を発信しています。

私の考えるトレーニングの魅力は、自分の中で成長を実感できることです。

学生のうちは、勉強するとその成果が数字として表れるので成長を感じられることが多いですが、成人するとそのような具体的に成長を実感する機会が減っていきます。しかし、筋トレはしっかりコツコツ続けていけば自分の中で反映されるため、非常に親しみやすいものであると思います。他者と比べて優劣をつける考え方もあるとは思いますが、個人的には自分の中で成長を少しずつ積み上げていく喜びが魅力的です。

本書が、少しでもみなさんのトレーニング生活の助けになることができれば幸いです。

参考文献

Moore, D. R., Robinson, M. J., Fry, J. L., Tang, J. E., Glover, E. I., Wilkinson, S. B., Prior, T., Tarnopolsky, M. A., & Phillips, S. M. (2009). Ingested protein dose response of muscle and albumin protein synthesis after resistance exercise in young men. The American Journal of Clinical Nutrition, 89(1), 161–168.

Macnaughton, L. S., Wardle, S. L., Witard, O. C., McGlory, C., Hamilton, D. L., Jeromson, S., Lawrence, C. E., Wallis, G. A., & Tipton, K. D. (2016). The response of muscle protein synthesis following whole-body resistance exercise is greater following 40 g than 20 g of ingested whey protein. Physiological Reports, 4(15), e12893.

Schoenfeld, B. J., & Aragon, A. A. (2018).
How much protein can the body use in a single meal for muscle-building? Implications for daily protein distribution.
Journal of the International Society of Sports Nutrition, 15, 10.

Buresh, R., Berg, K., & French, J. (2009). The effect of resistive exercise rest interval on hormonal response, strength, and hypertrophy with training. Journal of Strength and Conditioning Research, 23(1), 62–71.

Jäger, R., Kerksick, C. M., Campbell, B. I., Cribb, P. J., Wells, S. D., Skwiat, T. M., Purpura, M., Ziegenfuss, T. N., Ferrando, A. A., Arent (2017). International Society of Sports Nutrition position stand: Protein and exercise. Journal of the International Society of Sports Nutrition, 14, 20.

National Strength and Conditioning Association. (2020). COVID-19 return to training resources [PDF]. Retrieved January 24, 2025, from https://www.nsca.com/contentassets/6b72d844c07e4766a07d9ebe421d5f2f/nsca-covid-19-return-to-training-resources.pdf

Schoenfeld, B. J. (2011). The use of specialized training techniques to maximize muscle hypertrophy. Strength & Conditioning Journal, 33(4), 60–65.

Buresh, R., Berg, K., & French, J. (2009). The effect of resistive exercise rest interval on hormonal response, strength, and hypertrophy with training. Journal of Strength and Conditioning Research, 23(1), 62–71.

Henselmans, M., & Schoenfeld, B. J. (2014). The effect of inter-set rest intervals on resistance exercise-induced muscle hypertrophy. Sports Medicine, 44(12), 1635–1643.

Salles, B. F., Simão, R., Miranda, H., Bottaro, M., Fontana, F., & Willardson, J. M. (2010).
Strength increases in upper and lower body are larger with longer inter-set rest intervals in trained men.
Journal of Science and Medicine in Sport, 13(4), 429–433.

Schoenfeld, B. J., Pope, Z. K., Benik, F. M., Hester, G. M., Sellers, J., Nooner, J. L., Schnaiter, J. A., Bond-Williams, K. E., Carter, A. S., Ross, C. L., Just, B. L., Henselmans, M., & Krieger, J. W. (2016). Longer interset rest periods enhance muscle strength and hypertrophy in resistance-trained men. Journal of Strength & Conditioning Research, 30(7), 1805–1812.

Longo, A. R., Silva-Batista, C., Pedroso, K., de Salles Painelli, V., Lasevicius, T., Schoenfeld, B. J., Aihara, A. Y., de Almeida Peres, B., Tricoli, V., & Teixeira, E. L. (2022). Volume load rather than resting interval influences muscle hypertrophy during high-intensity resistance training. Journal of Strength & Conditioning Research, 36(6), 1554–1559.

Schoenfeld, B. J. (2010). The mechanisms of muscle hypertrophy and their application to resistance training. Journal of Strength & Conditioning Research, 24(10), 2857–2872.

Davitt, P. M., Pellegrino, J. K., Schanzer, J. R., Tjionas, H., & Arent, S. M. (2014). The effects of a combined resistance training and endurance exercise program in inactive college female subjects: Does order matter? Journal of Strength & Conditioning Research, 28(7), 1937–1945.

Coffey, V. G., Jemiolo, B., Edge, J., Garnham, A. P., Trappe, S. W., & Hawley, J. A. (2009).
Effect of consecutive repeated sprint and resistance exercise bouts on acute adaptive responses in human skeletal muscle.
American Journal of Physiology-Regulatory, Integrative and Comparative Physiology, 297(5), R1441–R1451.

Stec, M. J., Thalacker-Mercer, A., Mayhew, D. L., Kelly, N. A., Tuggle, S. C., Merritt, E. K., Brown, C. J., Windham, S. T., Dell'Italia, L. J., Bickel, C. S., Roberts, B. M., Vaughn, K. M., Isakova-Donahue, I., Many, G. M., & Bamman, M. M. (2017). Randomized, four-arm, dose-response clinical trial to optimize resistance exercise training for older adults with age-related muscle atrophy. Experimental Gerontology, 99, 98–109.

Orsatti, F. L., Nahas, E. A. P., Orsatti, C. L., de Oliveira, E. P., Nahas-Neto, J., da Mota, G. R., & Burini, R. C. (2012).
Muscle mass gain after resistance training is inversely correlated with trunk adiposity gain in postmenopausal women.
Journal of Strength and Conditioning Research, 26(8), 2130–2139.

Festa, A., D'Agostino, R., Jr., Williams, K., Karter, A. J., Mayer-Davis, E. J., Tracy, R. P., & Haffner, S. M. (2001). The relation of body fat mass and distribution to markers of chronic inflammation. International Journal of Obesity and Related Metabolic Disorders, 25(10), 1407–1415.

Mitchell, C. J., Churchward-Venne, T. A., Bellamy, L., Parise, G., Baker, S. K., & Phillips, S. M. (2013). Muscular and systemic correlates of resistance training-induced muscle hypertrophy. PLOS ONE, 8(10), e78636.
Broatch, J. R., Petersen, A., & Bishop, D. J. (2018). The influence of post-exercise cold-water immersion on adaptive responses to exercise: A review of the literature. Sports Medicine, 48(6), 1369–1387.
Aidar, F. J., Fraga, G. S., Getirana-Mota, M., Marçal, A. C., Santos, J. L., de Souza, R. F., ... & Badicu, G. (2022). Evaluation of ibuprofen use on the immune system indicators and force in disabled Paralympic powerlifters of different sport levels. Healthcare, 10(7), 1331.
Hodgson, A. B., Randell, R. K., & Jeukendrup, A. E. (2013). The metabolic and performance effects of caffeine compared to coffee during endurance exercise. PLOS ONE, 8(4), e59561.
Trexler, E. T., Smith-Ryan, A. E., Roelofs, E. J., Hirsch, K. R., & Mock, M. G. (2016). Effects of coffee and caffeine anhydrous on strength and sprint performance. European Journal of Sport Science, 16(6), 702–710.
Maughan, R. J., & Griffin, J. (2003). Caffeine ingestion and fluid balance: A review. Journal of Human Nutrition and Dietetics, 16(6), 411–420.
West, D. W. D., & Phillips, S. M. (2012). Associations of exercise-induced hormone profiles and gains in strength and hypertrophy in a large cohort after weight training. European Journal of Applied Physiology, 112(7), 2693–2702.
Schoenfeld, B. J. (2013). Postexercise hypertrophic adaptations: A reexamination of the hormone hypothesis and its applicability to resistance training program design. Journal of Strength and Conditioning Research, 27(6), 1720–1730.
Vliet, S., Shy, E. L., Abou Sawan, S., Beals, J. W., West, D. W. D., Skinner, S. K., ... & Burd, N. A. (2017). Consumption of whole eggs promotes greater stimulation of postexercise muscle protein synthesis than consumption of isonitrogenous amounts of egg whites in young men. American Journal of Clinical Nutrition, 106(6), 1401–1412.
Elliot, T. A., Cree, M. G., Sanford, A. P., Wolfe, R. R., & Tipton, K. D. (2006). Milk ingestion stimulates net muscle protein balance following resistance exercise. Medicine and Science in Sports and Exercise, 38(4), 667–674.
Bagheri, R., Moghadan, B. H., Ashtary-Larky, D., Forbes, S. C., Candow, D. G., Galpin, A. J., Eskandari, M., Kreider, R. B., & Wong, A. (2021). Whole egg vs. egg white ingestion during 12 weeks of resistance training in trained young males: A randomized controlled trial. Journal of Strength and Conditioning Research, 35(2), 411–419.
Whittaker, J., & Wu, K. (2021). Low-fat diets and testosterone in men: Systematic review and meta-analysis of intervention studies. Journal of Steroid Biochemistry and Molecular Biology, 210, 105878.
Wu, A. H., Pike, M. C., & Stram, D. O. (1999). Meta-analysis: Dietary fat intake, serum estrogen levels, and the risk of breast cancer. Journal of the National Cancer Institute, 91(6), 529–534.
Carvalho, L., Moriggi Junior, R., Truffi, G., Serra, A., Sander, R., De Souza, E. O., & Barroso, R. (2021). Is stronger better? Influence of a strength phase followed by a hypertrophy phase on muscular adaptations in resistance-trained men. Research in Sports Medicine, 29(6), 536–546.
Spennewyn, K. C. (2008).
Strength outcomes in fixed versus free-form resistance equipment.
Journal of Strength and Conditioning Research, 22(1), 75–81.
Haugen, M. E., Vårvik, F. T., Larsen, S., Haugen, A. S., van den Tillaar, R., & Bjørnsen, T. (2023). Effect of free-weight vs. machine-based strength training on maximal strength, hypertrophy and jump performance – a systematic review and meta-analysis. BMC Sports Science, Medicine and Rehabilitation, 15, 103.
Helms, E., Morgan, A., & Valdez, A. (2021). 肉体改造のピラミッド 栄養編 (八百 健吾, 訳). AthleteBody 株式会社.
Helms, E., Morgan, A., & Valdez, A. (2022). 肉体改造のピラミッド トレーニング編 (八百 健吾, 訳). AthleteBody 株式会社.
寺田 新 (編).(2020). スポーツ栄養学最新理論(2020年版). 市村出版.

カフェイン摂取量のガイドライン
世界保健機関(WHO)や食品安全委員会、アメリカ食品医薬品局(FDA)のカフェインに関する推奨

エネルギードリンクと健康リスクに関する研究
医学雑誌や公衆衛生に関する論文、「Journal of the American Heart Association」などの専門誌

糖分摂取の影響
世界保健機関(WHO)や米国疾病予防管理センター(CDC)が示す砂糖摂取のガイドライン

科学《かがく》で鍛《きた》える！　筋《きん》トレ超大全《ちょうたいぜん》

最新理論《さいしんりろん》で理想《りそう》の筋肉《きんにく》をつくる

2025年2月19日　初版発行
2025年3月25日　再版発行

著　者　今古賀《いまこが》　翔《しょう》
発行者　山下　直久
発　行　株式会社KADOKAWA
〒102-8177　東京都千代田区富士見2-13-3
電話0570-002-301（ナビダイヤル）
印刷所　TOPPANクロレ株式会社
製本所　TOPPANクロレ株式会社

ISBN 978-4-04-607413-3　C0075